幼儿园教师应知应会
YOU'ERYUAN JIAOSHI YINGZHIYINGHUI

幼儿园教师
应知的政策与法规：案例式解读

YOU'ERYUAN JIAOSHI YINGZHI DE
ZHENGCE YU FAGUI:ANLISHI JIEDU

洪秀敏 编著

北京师范大学出版集团
BEIJING NORMAL UNIVERSITY PUBLISHING GROUP
北京师范大学出版社

图书在版编目(CIP)数据

幼儿园教师应知的政策与法规：案例式解读/洪秀敏编著.
—北京：北京师范大学出版社，2022.5(2023.8 重印)
ISBN 978-7-303-27795-7

Ⅰ.①幼… Ⅱ.①洪… Ⅲ.①学前教育－教育政策－中国
②学前教育－教育法－中国 Ⅳ.①G619.20②D922.164

中国版本图书馆 CIP 数据核字(2022)第 021097 号

图书意见反馈：gaozhifk@bnupg.com 010-58805079
营销中心电话：010-58802181 58805532
编辑部电话：010-58808898

出版发行：北京师范大学出版社 www.bnupg.com
北京市西城区新街口外大街 12-3 号
邮政编码：100088
印 刷：天津旭非印刷有限公司
经 销：全国新华书店
开 本：730 mm×980 mm 1/16
印 张：8
字 数：141 千字
版 次：2022 年 5 月第 1 版
印 次：2023 年 8 月第 3 次印刷
定 价：29.80 元

策划编辑：罗佩珍 责任编辑：周 鹏
美术编辑：陈 涛 焦 丽 装帧设计：陈 涛 焦 丽
责任校对：郑淑莉 责任印制：马 洁

前　言

学前教育作为基础教育的基础，在国民教育体系中具有重要的奠基地位，是一项惠及亿万儿童的公益事业。促进学前教育普及普惠安全优质发展已经成为我国新时代建构社会公共服务体系和满足民生重大需求的重点战略。近年来，党中央和国务院高度重视学前教育发展，做出一系列重大决策部署，出台了系列深化改革、规范学前教育发展的政策文件。高质量的幼儿园教师队伍是高质量学前教育的核心和保障。《中共中央 国务院关于全面深化新时代教师队伍建设改革的意见》《中共中央 国务院关于学前教育深化改革规范发展的若干意见》明确提出要全面提高幼儿园教师质量，建设一支高素质善保教的教师队伍，切实提高教师专业水平和科学保教能力。合格的幼儿园教师首先必须了解、掌握和遵守国家教育政策与法规的基本要求，做到依法执教。《幼儿园教师专业标准（试行）》《幼儿园园长专业标准》《中小学和幼儿园教师资格考试标准及大纲（试行）》都要求幼儿园教师和园长了解国家主要的教育法律法规，掌握国家的教育方针、相关的政策和法律法规，熟悉《幼儿园工作规程》《幼儿园教育指导纲要（试行）》《3～6岁儿童学习与发展指南》等学前教育的相关政策，并应贯彻党和国家教育方针政策，遵守教育法律法规。因此，新时代一名合格的、专业的幼儿园教师只有认真学习、领会和掌握国家教育政策与法规的基本精神和相关规定，才能在保教工作实践中自觉履行教书育人的职责，扎实落实立德树人根本任务，保障幼儿身心健康成长，并不断实现自身可持续的专业发展。

本书从一名专业的幼儿园教师应知应会的角度，立足我国学前教育相关政策、法规条文和案例的内在关联，从我国现行的多部教育政策、法规中精选了与幼儿园教师教育工作实践、幼儿园教师专业发展密切相关的政策和法规条款，分析典型案例，力图为即将成为或已经成为幼儿园教师的读者们提供教育政策与法规的学习指引，帮助他们准确掌握最需要的教育政策与法规知识，加强对学前教育政策与法规的了解与掌握，并能联系实际，从而在实践工作中更加自觉地遵守和践行，解决各种实际问题。

全书内容主要包括儿童权利与儿童保护、卫生保健与安全防护、职业道德与个人修养、专业知识与专业能力、任职要求与权益保障五方面，共 45 条。为了增强政策与法规条文的可读性，使相对枯燥的条文变得通俗易懂，让读者不仅能够正确认识必知的相关政策与法规条文，而且能够较好地理解和掌握其含义，并在实践中自觉遵守和践行，本书在编写过程中，每一条文的写作均包括三个模块：(1)条文解读——对该条文本身的含义进行解读，摘选列出我国现行相关政策、法规中对该条文的具体规定，帮助读者了解必知的规范，并指出教师理解和遵守该条文的意义与必要性。(2)案例回放——有针对性地选择幼儿园教师日常工作中与该条文密切相关的典型案例，帮助读者理解条文在实践中的具体应用和可能出现的各种做法。(3)案例分析——对案例中的情况进行具体的点评，提炼出简洁、明确的建议，力图帮助读者更好地理解条文践行中应特别注意的问题，加强依法执教的意识，了解预防和应对具体问题的策略。

本书在编写过程中，刘呈呈、王梅、王文君、马璐参与了政策与法规条文相关案例的收集工作，在此表示感谢！感谢北京师范大学出版集团罗佩珍老师对本书编写工作给予的大力支持！本书在写作过程中参考、引用了许多专家学者的研究成果，在此深致谢忱！

需要指出的是，由于我国学前教育相关的政策与法规条文众多，本书仅是编者从一名幼儿园教师应知应会的角度进行的思考、梳理和编写，热忱希望关注我国学前教育改革与幼儿园教师专业发展政策研究的读者对书中的观点与内容不吝指正，提出宝贵的意见与建议。

洪秀敏

2022 年 1 月

于北京师范大学英东楼

目　　录

一、儿童权利与儿童保护

1. 儿童享有生命权和健康权

条文解读

生命权，是公民人身权利的一种，指自然人具有的保护和维持其生命，不受任何非法侵害的权利。公民的生命权是最重要的人身权，是其他一切活动得以开展的前提。健康权是自然人依法享有的以保持其身体机能安全为内容的权利。

儿童作为公民，享有公民所享有的一切人身权利。就儿童而言，生命、健康乃其最大的利益。因此，国际国内法律制度都十分重视保护儿童的人身和生命安全。

联合国《儿童权利公约》对儿童的生命权做了明确的规定。《儿童权利公约》第六条第一款规定："缔约国确认每个儿童均有固有的生命权。"第十九条第一款规定："缔约国应采取一切适当的立法、行政、社会和教育措施，保护儿童受父母、法定监护人或其他任何负责照管儿童的人的照料时，不致受到任何形式的身心摧残、伤害或凌辱，忽视或照顾不周，虐待或剥削，包括性侵犯。"我国对儿童的人身权和生命权的保护与《儿童权利公约》的精神是基本一致的。比如，《中华人民共和国民法典》(以下简称《民法典》)第一千零二条指出："自然人享有生命权。自然人的生命安全和生命尊严受法律保护。任何组织或者个人不得侵害他人的生命权。"第一千零四条进一步指出："自然人享有健康权。自然人的身心健康受法律保护。任何组织或者个人不得侵害他人的健康权。"《中国儿童发展纲要(2011—2020 年)》规定要保护儿童人身权利。《幼儿园教育指导纲要(试行)》《中共中央 国务院关于学前教育深化改革规范发展的若干意见》也明确提出幼儿园必须把保护幼儿的生命安全和促进幼儿的健康放在工作的首位。这些足以表明我国对保护幼儿生命健康的重视。

儿童的生命权和健康权受到国际国内法律的保护，任何人都不得非法剥夺和侵害儿童的生命权和健康权。学校和教师作为儿童在学校的人身权法律关系的义务主体，对儿童的生命健康安全等负有保障的义务。学校和教师应该采取积极的措施，维护儿童的人身权利。任何人如果非法侵害儿童的生命权和健康权，就要承担相应的法律责任。

案例回放

5岁男童和同学抢铅笔左眼被戳伤，幼儿园和同学家长被判赔偿

2019年7月9日，家住攀枝花仁和区的袁先生发现儿子小袁眼睛出现异样，“孩子老是揉眼睛，眼睛里面有白色的东西”。7月10日，袁先生带着小袁到医院检查，经诊断为眼角膜损伤。后来，袁先生到幼儿园查看监控视频才发现，小袁的眼睛是被一名同学戳伤的。监控视频显示，7月8日上午10点32分左右，小袁和同学小王在教室内抢夺一支铅笔，小袁的左眼被铅笔戳中。事发当时，教室内只有一名老师。经过住院治疗，小袁的视力逐渐恢复，但是眼睛留下了伤痕。“眼睛视力恢复了，但医生也不能保证今后有没有问题。”事后，袁先生要求赔偿，将幼儿园及小王起诉至攀枝花仁和区人民法院，请求赔偿医疗费、护理费、后续治疗费等32342余元。

同年11月9日，攀枝花仁和区人民法院开庭审理了此案。最终，攀枝花仁和区人民法院根据各方的过错程度，依法判决：小王的监护人应承担30%的赔偿责任，赔偿2274余元；幼儿园应承担70%的赔偿责任，赔偿5 307余元。

——改编自江龙. 5岁男童和同学抢铅笔左眼被戳伤，幼儿园和同学家长被判赔偿[EB/OL]. (2020-04-17)[2021-05-27]. https://static.cdsb.com/micropub/Articles/202004/4f775d436690125a828b474031609b04.html? fromUdid = FC26A2BB-633D-440B-8149-2B494024AFA9.

案例分析

这是一起幼儿健康权受到损害引起的纠纷案。根据2010年修改的《学生伤害事故处理办法》的相关规定，幼儿在园就读期间，幼儿园和教师对幼儿依法负有教育、管理和保护的义务。2018年发布的《新时代幼儿园教师职业行为十项准则》第五条也明确指出教师应“增强安全意识，加强安全教育，保护幼儿安全，防范事故风险”。考虑到幼儿年龄小、身心发展不成熟，教师应该采取一定的预防和保护措施。

法院认为，小王用铅笔戳伤小袁的眼睛，因小王系无民事行为能力人，故应由小王的监护人承担侵权责任；幼儿园未及时采取有效的安全防范措施，没

有没收铅笔或阻止其拿出，未对两幼儿的不规范行为进行有效制止，导致事故发生，同时幼儿园仅安排一名教师和一名未取得资质的保育员组织两个班的集体教学活动，案发后未及时联系幼儿父母沟通处理，幼儿园未尽到教育、管理、保护职责，对小袁所受损伤应承担责任。《民法典》第一千一百九十九条规定：“无民事行为能力人在幼儿园、学校或者其他教育机构学习、生活期间受到人身损害的，幼儿园、学校或者其他教育机构应当承担侵权责任；但是，能够证明尽到教育、管理职责的，不承担侵权责任。”《学生伤害事故处理办法》第二十三条规定：“对发生学生伤害事故负有责任的组织或者个人，应当按照法律法规的有关规定，承担相应的损害赔偿责任。”因此，法院判决该幼儿园承担主要责任并进行赔偿。

2. 儿童享有生存与发展的权利

条文解读

联合国《儿童权利公约》第六条第二款明确规定：“缔约国应最大限度地确保儿童的存活与发展。”这一纲领性的条例表明，儿童权利可以归结为两大方面的内容：一方面，国家、家庭和社会对儿童个体的生命和生存权利给予特别的保护，为儿童提供生命安全和存活所需要的资源和保障措施；另一方面，儿童在特定社会条件下能获得个人潜质的最全面的发展。简言之，儿童享有生存与发展的权利。

儿童的生存权，是指儿童享有维持其生存所必需的健康和生活保障的权利，是享受其他人权的前提。生存权主要包括生命权、健康权、劳动权、休息权和其他人身权利。儿童的发展权，是指儿童享有充分发展其全部体能和智能的权利，包括儿童有权接受正规和非正规的教育，有权享有促进其身体、心理、精神、道德等全面发展的生活条件。广义的发展权还包括参与权，即儿童参与家庭、学校、社会活动的权利，它有助于儿童的全面发展。生存权是发展权的基础，二者是相辅相成的关系。

我国相关法律对儿童生存权和发展权的保护规定与《儿童权利公约》基本是一致的。例如，2020年修订的《中华人民共和国未成年人保护法》(以下简称《未成年人保护法》)第三条规定：“国家保障未成年人的生存权、发展权、受保护权、参与权等权利。未成年人依法平等地享有各项权利，不因本人及其父母或者其他监护人的民族、种族、性别、户籍、职业、宗教信仰、教育程度、家庭状况、身心健康状况等受到歧视。”此外，《九十年代中国儿童发展规划纲要》

《中国儿童发展纲要(2001—2010年)》和《中国儿童发展纲要(2011—2020年)》等政策都提出了我国儿童生存、保护和发展的主要目标，并且详细地规定了达成这些目标的策略和措施。

案例回放

生活环节该不该自主

某幼儿园在自主性课程理念的引领下，尝试进行“我是生活小主人”的生活课程。尤其在大班，比如喝水、喝奶环节，尝试让幼儿在过渡环节自主安排时间完成；在“我的快乐十分钟”中，逐步学会自我管理，幼儿可以先玩手头玩具，后去喝水、喝奶，也可以先喝水、喝奶再去自然角观察。可是，保健医认为幼儿年龄较小，良好的生活卫生习惯不够稳定，这样的自主虽然尊重了幼儿，但在个别幼儿卫生关注上会存在遗漏现象，不利于常规习惯的养成，同时也容易造成卫生安全隐患，因此强调不要在生活环节自主，可以在教育活动或区域游戏中贯彻自主，而在生活环节就需要老师分组进行，一个一个盯着指导、纠正幼儿的不良行为习惯。

——改编自逯长荣. 生活环节该不该自主[J]. 学前教育，2020(2).

案例分析

本案例涉及儿童发展权保护的问题。生活即课程，生活即教育，幼儿园的一日生活在幼儿的发展中起着重要作用。在幼儿园的一日生活中，过渡环节是联系幼儿生活活动、学习活动、游戏活动的纽带，具有转换和承上启下的作用。《幼儿园教育指导纲要(试行)》指出：“尽量减少不必要的集体行动和过渡环节，减少和消除消极等待现象。”案例中幼儿园尝试让幼儿在过渡环节中自主安排时间，完成喝水、喝奶等活动，只要在有效的时间内把这些事情做完就可以，既可以避免时间的隐形浪费，也有助于幼儿社会适应能力的培养，做好“幼小衔接”。仅仅因为规避卫生健康问题就主观限制幼儿在生活环节中的自主性，割裂了幼儿“生活”与“发展”之间的关系。这样做看似保护了幼儿的“健康”成长，但幼儿参与和发展的权利遭到了侵犯，这样的“健康”是片面的。

3. 儿童享有人格尊严的权利

条文解读

人格尊严权，简单地说，就是一个人在社会中生存和发展的最基本的资格，其作为人的身份、地位被他人承认、尊重的权利。任何人都享有作为“人”的最起码的社会地位和受到他人与社会最起码尊重的权利，这种权利就是人格尊严权。

人格尊严是一般人格权的基本内容之一，也是一切基本权利的来源，或者说一切基本权利都只是人格尊严的表现形式。我国从宪法到普通法律，再到部门规章、司法解释，对人格尊严权都有规定。首先，2018 年修正的《中华人民共和国宪法》(以下简称《宪法》)第三十八条规定：“中华人民共和国公民的人格尊严不受侵犯。禁止用任何方法对公民进行侮辱、诽谤和诬告陷害。”其次，《民法典》第一千零二十四条第一款规定：“民事主体享有名誉权。任何组织或者个人不得以侮辱、诽谤等方式侵害他人的名誉权。”最后，最高人民法院的司法解释对人格尊严权做出了明确的界定。2020 年修正的《最高人民法院关于确定民事侵权精神损害赔偿责任若干问题的解释》第一条规定：“因人身权益或者具有人身意义的特定物受到侵害，自然人或者其近亲属向人民法院提起诉讼请求精神损害赔偿的，人民法院应当依法予以受理。”

受到不良社会舆论、传统文化中的不良因素等的影响，儿童的人格尊严权很少受到成人的重视，反而更容易遭到侵害。为此，相关法律对保护儿童的人格尊严权做了专门的规定。《儿童权利公约》要求缔约国对儿童的人格给予尊重。例如，《儿童权利公约》第三十七条规定，缔约国应确保“任何儿童不受酷刑或其他形式的残忍、不人道或有辱人格的待遇或处罚”。《未成年人保护法》第四条把“尊重未成年人人格尊严”列为保护未成年人工作应当遵循的原则之一。第二十七条规定：“学校、幼儿园的教职员工应当尊重未成年人人格尊严，不得对未成年人实施体罚、变相体罚或者其他侮辱人格尊严的行为。”因此，任何损害幼儿名誉和人格尊严的行为，都是违法行为。

案例回放

孩子也需要受到人格的尊重

有一天，孩子们在玩桌面玩具，有个孩子时不时地抬头看我，我并没有在意。当孩子们把玩具都收拾好后，不管是活动课还是参加所有的活动，这个孩子总是用玩玩具时的眼神看我，我也没有说什么。在中午睡觉的时候，其他的孩子都睡着了，可他还是没有睡。我轻轻地走到他身边，他显得更不自在了，还用手抓紧了裤子上的口袋，这次我看到他的口袋里有一个小小的玩具。为了了解情况，我把他带出来跟他交谈，并答应他不告诉任何人。在我的鼓励和劝导下，他说明了事情的真相(偷藏了一个喜欢的玩具)，并承认了错误。

——改编自任亚晶2015年9月27日发布在幼儿园教育随笔网的《孩子也需要受到人格的尊重》。

案例分析

《新时代幼儿园教师职业行为十项准则》第六条规定，幼儿园教师应“关心爱护幼儿。呵护幼儿健康，保障快乐成长”。幼儿虽然年纪较小，心智发育还不成熟，但也与成人一样具备人格，一样享有人格尊严权。幼儿在成长的过程中，不仅需要成人的悉心关怀和爱护，更需要受到人格的尊重。这就需要教师树立正确的儿童观，不仅要尊重幼儿的人格，而且要尊重幼儿应有的权利。我们在教育幼儿的过程中要注意方法，多从幼儿的角度考虑，做他们的知心朋友。所以，幼儿园教师既要悉心关爱每一个孩子，又要尊重每一个孩子的人格。

本案例中的教师面对幼儿偷拿玩具的行为，选择了理解与尊重，通过私下与幼儿的交流及鼓励，让幼儿承认了错误。本案例中的教师充分做到了明辨事实，尊重幼儿的人格尊严，巧妙地运用教育智慧保护了幼儿的自尊心。倘若教师不尊重幼儿的人格尊严，选择当众揭穿并对其进行言语批评甚至体罚，就是侵犯幼儿人格尊严权的表现，这对该幼儿自尊心造成的伤害也将是难以弥补的。

4. 儿童依法享有受教育的权利

条文解读

受教育权是儿童的基本人权，这是国际社会公认的基本理念。所谓受教育权，是指儿童在国家提供的各类学校和机构中学习科学文化知识的权利。儿童的受教育权包括三方面内容：受教育机会权、受教育条件权和公正评价权。受教育机会权是指儿童依照一定的法律拥有接受一定时间、一定质量要求的教育的权利，它是儿童受教育权的首要因素。受教育条件权是指儿童有权要求国家采取积极主动的措施来保障自身受教育权的实现。公正评价权是指儿童在学习的过程中，其学习智力状况、心理状况、品德状况有获得公正评价的权利。

保障儿童享有受教育的权利意义重大。对儿童来说，教育是帮助其实现全部潜能的基础，儿童是教育的主要获益者。对国家来说，保障儿童的受教育权，有助于从根本上提高国民素质，增强综合国力。对社会来说，保障儿童的受教育权，符合社会公平正义的要求。正因为如此，世界上各个国家和地区都十分重视儿童的受教育权，并通过立法的形式加以保护。

首先规定儿童受教育权的国际文件是 1959 年联合国大会通过的《儿童权利宣言》。该文件的原则七规定："儿童有受教育之权，至少在初等阶段应为免费强迫制。"《儿童权利公约》第二十八条也明确指出"儿童有受教育的权利"。作为发展中国家，我国政府也高度重视儿童受教育权的法律保护。目前，我国已经形成了由法律、行政法规、地方性法规、行政规章和司法解释构成的儿童受教育权保障的法律法规体系。比如，我国《宪法》第四十六条第一款规定："中华人民共和国公民有受教育的权利和义务。"2021 年修正的《中华人民共和国教育法》(以下简称《教育法》)第九条第二款规定："公民不分民族、种族、性别、职业、财产状况、宗教信仰等，依法享有平等的受教育机会。"《未成年人保护法》第十六条将"尊重未成年人受教育的权利"作为未成年人的父母或者其他监护人应当履行的监护职责之一。学校是儿童健康成长和全面发展的主要场所，同时也是保护儿童受教育权的基地。《未成年人保护法》还对儿童的学校保护做了专章规定，例如，第二十九条第一款规定："学校应当关心、爱护未成年学生，不得因家庭、身体、心理、学习能力等情况歧视学生。对家庭困难、身心有障碍的学生，应当提供关爱；对行为异常、学习有困难的学生，应当耐心帮助。"

案例回放

案例一　没交钱不能听课

5 岁半的慧慧近来比较反常，每到去幼儿园时，她都本能地抵触："妈妈，我今天不想去了。"作为母亲，张女士起初很是纳闷儿，难道孩子在幼儿园受了啥委屈？

接下来，在与孩子的交流中她知道了缘由：原来幼儿园办了几个兴趣班，这学期有几门课她没有给孩子报，孩子便因此遭到了不公正的待遇。例如，每次上表演课时，没交钱报名的孩子就被勒令转过头去。孩子的自尊心因此受到了伤害，连幼儿园都不爱上了。而这件事情引出了张女士一年多来一肚子的怨气。

事情要从一年多前慧慧刚到幼儿园时说起。那时候慧慧还小，有时候放学回到家，她就告诉妈妈说，书包里有老师给家长的纸条，纸条上写着各个兴趣班的介绍和价钱，家长如果有意向就可以在上面挑选。当时，张女士考虑到老师的热情推荐，就给孩子报了几个班，包括书法、美术、英语、围棋四个兴趣班，一共交了 2000 多元的费用。

一学期很快过去了，家长们特别想知道孩子们学到了什么。学期末，幼儿园为了展示成果，给家长们继续学下去的信心，上了一堂公开课。张女士说，她和几位家长参加了这堂书法公开课，但结果很不理想。孩子学了一学期的书法课，但写的好多字都不认识，而且书法必要的驻笔、顿笔都没有。另外，幼儿园给报了围棋班的孩子举办了围棋比赛，但慧慧上了一学期的围棋课，连棋子往哪里摆都不知道，最后比赛结束的时候竟然还发了张证书。

经历了这些事件之后，慧慧妈妈决定不再给孩子报兴趣班了。之后慧慧的老师不断地打电话游说，甚至还说，如果不上兴趣班，孩子会被请出教室。

考虑到慧慧还要上幼儿园，这学期张女士象征性地给孩子保留了美术班，但之后发生的情况出乎她的意料。一天，张女士往孩子的书包里放了一本书法字帖，是上学期在幼儿园上课时买的，孩子立刻就把字帖扔了出来。后来张女士才知道，因为孩子这个学期没有报书法班，所以上课时老师不让孩子拿出字帖，即使自己在一旁练字也不行。

据张女士反映，幼儿园有两张课程表。第一张上面的课程很正常，第二张上面的全是兴趣班课程。从周一到周五排了很多兴趣班课程，有书法、美术、英语、舞蹈、表演、围棋，最早的是 8 点 30 分开课，最晚的 14 点 30 分下课。

——改编自柳云松. 在幼儿园没报兴趣班，孩子上课时得扭过头[N]. 沈阳晚报，2012-04-24.

案例二　孩子病好了，幼儿园不让上学

2016 年 3 月 17 日，黄河东路附近的某铁路系统幼儿园中班，5 岁的童童吃着苹果忽然晕倒了，并带抽搐症状。送医后，医生的入院诊断为“急性上呼吸道感染、热性惊厥”。让童童奶奶想不到的是，截至 3 月 30 日晚，童童仍未能重新回到幼儿园上学。“孩子在 3 月 23 日出院，情况已经好转。然而，幼儿园却不让孩子入园。如果想入园，则需要签署一份相关的免责协议，我认为这不合理。孩子不是传染病，为啥不让入园上学?”童童奶奶说。

3 月 17 日的突然发病对童童来说不是第一次。童童的奶奶宋女士告诉记者，2015 年夏天，童童也出现过在家里突然晕厥的情况。根据家长和老师的

说法，这两次晕厥前童童并无发烧的征兆。市中心医院出院记录显示，童童晕倒的病因诊断为急性上呼吸道感染、疑似热性惊厥——“成不规则热型”。相关资料显示，小儿热性惊厥临床表现为“突然发作”的抽搐，伴有意识障碍。

童童的奶奶说，孩子所患病症目前诊断为“高烧惊厥”，“时间短，休养一下就没事了。孩子也做了 CT 检查，一点问题都没有。出院后在家休息了 1 个星期，现在已经很健康了，但幼儿园仍不让入园”。幼儿园的一名老师告诉记者，事发前，孩子正在吃苹果，完全看不出生病，突然就晕倒了，并有抽搐等状况。老师立即拨打了 120 电话，并进行了掐人中等紧急救治。随后 120 赶到，将孩子送往医院。老师表示，并非不让孩子入园，只是希望孩子再多休养一段时间，大概 1 个月。同时，如果孩子再次入园，需要签署一份相关协议，内容大概是：如果孩子再次因发病而出现危险状况，幼儿园方不承担责任。

——改编自胡彬. 家长：孩子病好了，幼儿园不让上学[N]. 都市晨报，2016-03-31.

案例分析

案例一中的幼儿园开设兴趣班属于违规行为，把没有报班的幼儿排除在学习之外的行为是一种侵权行为，侵犯了幼儿的受教育权和健康权。具体来说，幼儿园也有教学任务，幼儿园必须按照教育部门的大纲完成相应的教育任务。但是该幼儿园在周一到周五的常规活动时间安排了兴趣班课程，直接减少了幼儿的正常上课时间，使得没有报班的幼儿不能平等地利用各种教育资源和设施，这直接侵犯了没有参加兴趣班的幼儿的受教育权。另外，该幼儿园把没有报班的幼儿拒绝在教学活动之外，给他们幼小的心灵留下了阴影，这直接侵犯了幼儿的健康权。

幼儿的受教育权特指 3～6 岁儿童受教育的权利。幼儿受教育权与其他年龄段儿童有相似之处，但也有不同的地方。幼儿身心发展特点决定了学前教育不是将系统的、以书面符号为载体的学科知识作为主要内容，而是注重在生活中学习、在活动中学习、在游戏中学习，注重以适合幼儿身心发展特点的方式开展教和学，注重趣味性和综合性，并把身体的发展放在首位。本案例中的幼儿园受经济利益的驱使，开办并不适合幼儿身心发展特点和规律的兴趣班，也反映了对幼儿受教育权的侵犯。因此，针对这种现象，后来相关部门对该幼儿园开办兴趣班和乱收费行为进行了严肃的处理，该幼儿园也为侵犯幼儿的受教育权行为承担了相应的法律责任。

在案例二中，学前教育虽然属于非义务教育阶段，但原则上，如果孩子的病不是传染病，幼儿园应当让其正常入园。需要区别的是，该幼儿园不是强制孩子退学，只是建议孩子在家多休息、延缓上学时间。孩子相关入园事宜，可以由辖区教育部门、铁路主管部门、幼儿园、家长多方进行协调。首先，家长作为监护人，将孩子送到幼儿园时，应当告知幼儿园孩子的相关病史、救治方法；其次，幼儿园如果因为孩子患病(非传染性)就拒绝其入园是不合理的，因为孩子有接受教育的权利，园方拒绝幼儿入园的要求实际上侵犯了孩子的受教育权；最后，在幼儿园里，如果孩子因自身疾病出现状况，引起后果，教师如尽到监管、及时送医等义务，幼儿园方是不承担侵权责任的。

5. 儿童享有姓名权、肖像权、著作权和隐私权

条文解读

姓名权，是公民人身权的一种，指公民有依法决定、使用、改变自己姓名和禁止他人干涉、盗用、假冒自己姓名的权利。《民法典》第一千零一十二条规定：“自然人享有姓名权，有权依法决定、使用、变更或者许可他人使用自己的姓名，但是不得违背公序良俗。”幼儿与其他公民一样享有姓名权，未经其监护人同意，其他人不得使用。《儿童权利公约》第八条规定“尊重儿童维护其身份包括法律所承认的国籍、姓名及家庭关系而不受非法干扰的权利”。

肖像权，是自然人对自己的照片、画像、雕塑像、录像、全息摄像及其他具有载体的视感影像依法享有的不受非法侵害的权利。肖像权直接关系到自然人的人格尊严及其形象的社会评价，是自然人所享有的一项重要人格权。《民法典》第一千零一十八条指出“自然人享有肖像权”，第一千零一十九条进一步指出，“任何组织或者个人不得以丑化、污损，或者利用信息技术手段伪造等方式侵害他人的肖像权……未经肖像权人同意，肖像作品权利人不得以发表、复制、发行、出租、展览等方式使用或者公开肖像权人的肖像”。幼儿和其他公民一样，也享有肖像权，并由其监护人代为行使。

著作权，又称版权，是自然人、法人或者其他组织对文学、艺术和科学作品依法享有的权利。著作权包括人身权利和财产权利。2020 年修正的《中华人民共和国著作权法》(以下简称《著作权法》)第十条规定，著作人身权包括作者对其作品的发表权、署名权、修改权和保护作品完整权。著作财产权主要是指作者或其他著作权人对作品依法享有的使用和获得报酬的权利。《著作权法》第十一条规定，“著作权属于作者……创作作品的自然人是作者”。因此，虽然幼儿不具备完全行为能力，但只要其创作作品属于事实行为，就同样享有著作

权。幼儿园在使用其作品时应征得监护人的同意，否则不能任意展览或向报刊投稿。

隐私权，是自然人就自己个人私事、个人信息等个人生活领域内的事情不为他人知悉、禁止他人干涉的权利。《未成年人保护法》将“保护未成年人隐私权和个人信息”作为最有利于保护未成年人的原则之一。《中国儿童发展纲要(2011—2020年)》也提到了“依法保护儿童的隐私权”。凡是儿童不愿意别人知道或不愿向别人公开的生活秘密，就属于个人隐私。成人应该尊重和保护幼儿的隐私权，不能错误地认为幼儿年纪尚小没有隐私，更不能拿幼儿的隐私开玩笑，以致幼儿在精神和名誉上受到损伤。

案例回放

案例一　老师抽奖，怎能用星星的名字

某幼儿园的钟老师，用自己班上10个幼儿的姓名，报名参加了某报刊举办的抽奖活动，结果幼儿星星被幸运抽中。因为领取奖品需凭幼儿的户口本，钟老师就把这件事告诉了星星的妈妈，并向她借户口本。可星星的妈妈却认为钟老师侵害了星星的姓名权，要求钟老师交回兑奖凭条。

——改编自周天枢．老师和家长需要知道的100个幼儿园法律问题[M]．广州：中山大学出版社，2005：17.

案例二　幼儿的肖像权不可侵犯

某幼儿园在为中班幼儿过集体生日时，拍了一组照片，效果相当好。一家蛋糕店老板恰好看到了这些照片，就选了两张准备做宣传广告用。幼儿园感到这样的宣传有益无损，故非常乐意地奉送了两张照片。宣传画贴出后，孩子的父母即向店老板提出侵权的问题。店老板认为是幼儿园同意自己使用这些照片的，故不存在侵权之嫌。孩子的父母又向幼儿园提出侵权的问题。幼儿园这才意识到自己的行为侵害了幼儿的肖像权。最后通过调解，店老板把贴出的宣传画全部收回并销毁，给予了幼儿一定的经济赔偿；幼儿园向幼儿家长赔礼道歉。

——改编自华律网2015年3月28日发布的《幼儿的肖像权不可侵犯》一文。

案例三　幼儿的著作权受侵害

某幼儿园幼儿李某很有绘画天赋，他的画多次在儿童画展上获奖。有家出

版社计划出版《儿童优秀美术作品选》，该幼儿园老师推荐参选，李某在作品上署了名。但出版印刷时，作品只有“××幼儿园供稿字样”。李某家长知道后，就找到出版社索要样书、稿酬及作者证明。出版社答复说，样书可以给，作者证明可以开，但选登李某的画得到了幼儿园的同意，稿酬已统一支付给了幼儿园。幼儿园则认为李某的画作得到了幼儿园老师的指导，又被推荐出版，对李某来说是一种荣耀，家长不应再索要稿酬。

——改编自孙明．幼儿的作品也有著作权[J]．早期教育，2002(11).

案例四　幼儿隐私也需尊重

4岁的丁丁是一个单亲家庭的孩子。入园时，丁丁的妈妈陈女士把自己的家庭情况向丁丁所在班级的刘老师做了简要介绍，并请老师保守秘密，以免丁丁受到伤害。一日午休期间，刘老师在和同事聊天时提到了丁丁的家庭情况，没想到老师的谈话被没有睡着的小朋友听见了。此后几天，班上有几个小朋友管丁丁叫“野孩子”“没人要的孩子”。丁丁回家把这一切告诉了妈妈，并哭着说再也不想上幼儿园了，因为别的孩子老是取笑他。陈女士特别生气，她找到刘老师和幼儿园领导大闹了一场，指责老师不该泄露她和丁丁的个人隐私，并表示要追究幼儿园的法律责任。

——改编自李广海，马焕灵，陈亮．学前教育政策与法规[M]．南京：东南大学出版社，2016：64.

案例分析

案例一是一起幼儿的姓名权受到侵害所引起的纠纷。钟老师在未经星星及其家长同意的情况下，私自使用星星的姓名，侵害了星星的姓名权。因此，钟老师应该对此事承担相应的民事责任。《民法典》第一千零一十四条规定：“任何组织或者个人不得以干涉、盗用、假冒等方式侵害他人的姓名权或者名称权。”本案的情节较轻，钟老师应该按照星星妈妈的要求交回兑奖凭条并主动赔礼道歉。

案例二是一起幼儿的肖像权受到侵害所引起的法律纠纷案。侵害肖像权的民事责任包括停止侵害、消除影响、赔礼道歉、赔偿损失。《民法典》第一千零一十八条指出“自然人享有肖像权”，第一千零一十九条进一步指出，“任何组织或者个人不得以丑化、污损，或者利用信息技术手段伪造等方式侵害他人的肖像权……未经肖像权人同意，肖像作品权利人不得以发表、复制、发行、出租、展览等方式使用或者公开肖像权人的肖像”。幼儿的肖像权由其监护人行使，而幼儿园不是幼儿的监护人。幼儿园应切实维护幼儿的权益，未经监护人同意，不得将幼儿的肖像给厂商或报刊等媒体做广告宣传之用，也不得非法毁损、玷污、丑化幼儿的肖像。本案中，蛋糕店老板用幼儿的照片做广告，纯粹出于营利目的，又没有征得幼儿父母（监护人）的同意，构成侵权是毫无疑问的。通过三方协商，幼儿园进行了赔礼道歉，蛋糕店老板给予了一定的经济赔偿，家长做了一定的退让，本案才得以解决。它提醒我们，一定要加强法律知识学习，增强法律意识，避免同类事件再次发生。

案例三是一起侵害幼儿著作权引起的纠纷。该幼儿园老师在未经幼儿李某及其监护人同意的情形下，将作品提供给出版社，且没有给作品署名，也未向李某支付稿酬，幼儿园和出版社共同侵害了李某的著作人身权和著作财产权。根据《著作权法》的规定，“未经著作权人许可，发表其作品的”或“使用他人作品，应当支付报酬而未支付的”，应当“根据情况，承担停止侵害、消除影响、赔礼道歉、赔偿损失等民事责任”。因此，该出版社和幼儿园应共同承担侵害幼儿李某著作权的民事责任，按照李某家长的要求提供样书、稿酬和作者证明。

案例四是一起幼儿隐私权被侵害引起的纠纷。在现代社会，保护个人隐私十分重要。隐私被他人侵害，通常受害者会产生极大的心理压力，甚至会失去生活的信心和勇气。成人如此，未成年人也是如此。幼儿园及教师在日常工作中应当高度重视在园幼儿的隐私权保护问题，对于在工作中掌握的幼儿的一些个人信息和资料（如幼儿的体检结果、健康状况，过往的不良经历，家庭成员的职业、收入、联系方式等），教师要予以保密，不向第三人泄露，不公开谈论。

6. 儿童享有表达、思想、信仰和宗教的自由

条文解读

在人类发展到21世纪的今天，自由和尊严应当成为生存的基本要素。而对儿童表达、思想自由的肯定，对他们信仰和宗教自由的尊重，即是对儿童作为人的基本生存权的肯定和尊重。此外，表达、思想和信仰等的自由，对于儿童独立人格的发展有着重要意义。如果长期限制幼儿表达、思想的自由，将不利于他们身心的健康发展。

儿童的表达自由一般是各国宪法赋予的权利，也是其参与社会生活的基本方式之一。表达自由有非常宽泛的含义，它既包含自由地表达、传递信息和思

想的意思，同时也包含自由地寻求、获取有关信息和思想的意思。正如《儿童权利公约》第十三条第一款的规定："儿童应有自由发表言论的权利，此项权利应包括通过口头、书面或印刷、艺术形式或儿童所选择的任何其他媒介，寻求、接受和传递各种信息和思想的自由，而不论国界。"

《幼儿园教育指导纲要(试行)》也提出应鼓励幼儿的自由表达，并为其提供宽松的环境。因此，儿童有发表自己的意见、展示自己想法的权利，家庭、学校和社会都应该给予特别的保护。

儿童的思想、信仰和宗教自由同样代表着个人的"基本特性"，这些源自人固有的尊严和价值。《儿童权利公约》第十四条第一款规定："缔约国应尊重儿童享有思想、信仰和宗教自由的权利。"此外，《儿童权利公约》第三十条还对少数人或土著居民的儿童享有自己的文化、信奉自己的宗教并举行宗教仪式、使用自己的语言的权利做了规定。2017 年修订的《宗教事务条例》第二条规定："公民有宗教信仰自由。任何组织或者个人不得强制公民信仰宗教或者不信仰宗教，不得歧视信仰宗教的公民(以下称信教公民)或者不信仰宗教的公民(以下称不信教公民)。信教公民和不信教公民、信仰不同宗教的公民应当相互尊重、和睦相处。"《未成年人保护法》第三条第二款也特别指出："未成年人依法平等地享有各项权利，不因本人及其父母或者其他监护人的民族、种族、性别、户籍、职业、宗教信仰、教育程度、家庭状况、身心健康状况等受到歧视。"可见儿童作为公民，其宗教信仰应当受到尊重。

尽管儿童的表达、思想、信仰和宗教自由受到国际公约和国家法律的保护，但是，这些自由权利的行使并不是绝对的，而是有一定的限制。就儿童自由表达权来说，《儿童权利公约》对儿童自由发表言论的权利提出了限制性要求："尊重他人的权利和名誉"，"保护国家安全或公共秩序或公共卫生或道德"。此外，国家有责任和义务保护儿童通过多种渠道表达意见，但同时也要保护儿童免受那些对儿童身心健康和社会福祉有害的信息和资料的侵害，如色情、暴力以及对儿童有害的其他宣传。

案例回放

案例一　听孩子把话说完

在一次小班听课活动中，老师教孩子们学画太阳。在示范绘画之前，老师问孩子："你们知道太阳是什么形状、什么颜色的吗?"孩子们纷纷说道："红色的。"为了让孩子更清楚地了解太阳的特征，于是老师请欣欣小朋友来回答："太阳是圆圆的，它有时是红色的……"还没等孩子说完，老师就接过话说：

"对，太阳是圆形的，是红色的。"说着就在黑板上演示太阳的画法，并涂上了鲜艳的大红色，孩子们也学着老师在作业纸上画上了红红的圆太阳。最后交作业的时候，在一沓红太阳画中一个金灿灿的太阳出现在老师的眼前，"这是谁画的?"老师问道。欣欣举起小手，老师忙问："你的太阳怎么跟老师画得不一样呢?"欣欣小声说道："因为我看见动画片里的太阳有时是红色的，有时是橙色的，有时是金黄色的。""是啊，那你刚才怎么不说呢?""刚才我想说，可老师让我坐下了。"听完孩子的话，老师这才意识到自己教育的疏忽，连忙表扬了欣欣，并把欣欣的太阳放在黑板上展示，鼓励孩子们大胆地创造出自己的作品来。

——改编自武汉市青山区实验科技幼儿园匡贵利的《听孩子把话说完》。

案例二　孩子有权表达想法

圆圆是个开朗的孩子，上课的时候总喜欢回答老师的问题。但由于她性子比较急，有时候老师刚问完问题她就马上开口回答了。一次语言课上，当老师提出"这个故事中一共有多少只小动物"的问题时，圆圆马上回答"4 只"。老师有些生气，心里想着平时圆圆回答问题从不举手，这次要给她长长记性。于是老师装作没有听见，继续提问。圆圆急了，又大声说了一次"一共有 4 只"。老师朝她嘲讽道："谁让你回答了？你不知道举手吗？看见你就烦。"说完还瞪了圆圆一眼。圆圆伤心地哭了，老师仍装作没看见。此后，圆圆变得沉默寡言，上课也不爱回答问题了。

——改编自洪秀敏．幼儿园教师必知的 60 条教育政策与法规[M]．北京：中国轻工业出版社，2014：25.

案例分析

案例一和案例二在幼儿园中都是常见的教师干涉幼儿自由表达的例子。案例一中的教师这种打断孩子说话的现象在不经意中出现，侵犯了幼儿自由表达的权利。尊重儿童，首先应给幼儿完整表达想法的机会，教师要有耐心等待的意识，等幼儿把话说完，认真倾听幼儿表达的话意，了解幼儿的真实想法。只有如此，教师才能在了解幼儿真实情况的基础上及时调整教学策略，或实施针对性的个别教育。

案例二中的教师为了惩罚不举手就回答问题的圆圆，直接忽视圆圆，甚至是恶言相向。教师的做法一方面是在维护班级的秩序，想要教育圆圆遵守课堂发言的规则；但另一方面，教师的过激行为侵犯了圆圆的人格尊严权和自由表达权。

自由和规则是相互支持的关系，绝对的自由是不存在的。儿童在教育中的表达自由的权利需要受到秩序、规则的限制。这是因为，儿童在教育中是自由的，但是儿童的自由在教育之中却可能是冲突的，一个儿童的自由可能是以其他儿童的不自由为代价的。基于这个缘故，教师需要制定课堂发言规则，对儿童的自由表达进行必要的限制和引导，从而使儿童彼此之间的自由和权利能够处于和谐和秩序之中。但是，规则的制定和对表达权利的限制，不应该对儿童的表达自由权本身造成伤害。案例二中的教师对圆圆不举手回答问题的行为进行嘲讽，伤害了圆圆幼小的心灵。事实上，针对圆圆的情况，教师完全可以在课后与圆圆进行沟通，教育圆圆按照班级规则言说和表达。如此不仅能够保障幼儿表达的自由权利，而且能够确保幼儿从符合规则的自由表达中获益。

7. 儿童依法享有参与权

条文解读

儿童的参与权是指儿童享有参与家庭、文化和社会生活的权利。《儿童权利公约》规定，每一个儿童在有关他们的事务中，都有发表意见的权利。可见，“参与”是一个广泛的概念——儿童的参与权应该体现在家庭、学校和社会生活的各个方面；儿童参与权主要是通过自由表达、获得有益信息及自由参加文化艺术活动等多种方式得以实现。

为什么要重视儿童的参与权呢？我们知道，首先，民主社会呼唤人们的参与意识，呼唤人们为自己的观点辩论，同时也需要懂得听取别人的意见。而保障儿童充分地享有参与权，正是培养儿童参与意识的前提。其次，儿童参与权也是儿童自身发展的需要，是确保儿童其他各项权利得以真正实现的基础。只有儿童表达出自身的真实利益，成人才能知道哪些权利是儿童真正需要的。缺少儿童实质性的参与，所谓儿童的受教育权、人身权和平等权都极有可能浮于表面，而缺乏真正落实的动力。

《儿童权利公约》对儿童的参与权给予了必要的关注。《儿童权利公约》第十二条第一款规定：“缔约国应确保有主见能力的儿童有权对影响到其本人的一切事项自由发表自己的意见，对儿童的意见应按照其年龄和成熟程度给以适当的看待。”第三十一条第二款规定：“缔约国应尊重并促进儿童充分参加文化和艺术生活的权利，并应鼓励提供从事文化、艺术、娱乐和休闲活动的适当和均等的机会。”在我国，政府和社会也越来越重视儿童的参与权。《中国儿童发展纲要(2011—2020年)》把“保障儿童参与家庭生活、学校和社会事务的权利”作为儿童发展的主要目标之一，并在此基础上提出了实施策略。比如，“将儿童参与纳入儿童事务和儿童服务决策过程，决定有关儿童的重大事项，吸收儿童代表参加，听取儿童意见。畅通儿童参与和表达渠道，增加儿童社会实践机会，鼓励儿童参与力所能及的社会事务和社会公益活动，提高儿童的社会参与能力”。

案例回放

请把环境创设参与权还给幼儿

多数幼儿园的环境创设表现为流畅的线条、均匀的涂色和成人化的逻辑，缺乏幼儿的思维与表达。也有一些教师会把墙面上一小部分空出来展示幼儿的“作品”，幼儿参与环境创设的类型较为单一，且参与环境创设的幼儿作品只是班级小部分幼儿的作品，多数幼儿得不到参与的机会。至于能否展示出来，取决于是否合乎教师的审美爱好。不少教师在精挑细选过程中，将一大部分“难登大雅之堂”却充满天真童趣的作品排除在外。

——改编自王美. 让幼儿成为环境创设的参与者[J]. 大连教育学院学报，2017(4).

案例分析

在此案例中，幼儿园和教师成为环境创设的评价主体，环境创设多注重环境的美化功能、使用功能和教育功能，而忽略了幼儿参与环境创设的意愿、参与程度和受益情况。这样的环境创设缺乏幼儿参与的主体性，使得大部分幼儿失去了展示、表达、交流的机会，出现了幼儿参与机会不均衡的情况。这无疑也是剥夺了幼儿参与的主体性，未尊重幼儿的参与权。

参与式的环境创设重点强调师幼共创及幼儿参与，并未对其组织形式和创设的内容及主体进行规定。在实际创设中，很多幼儿园运用的几乎都是最简单的方式，即幼儿在家中做好，教师往墙上贴或者做涂鸦墙等，整体形式单一。绝大多数教师为了管理和组织，会直接布置家庭作业，让幼儿们在家长的帮助下做手工作品，然后再拿到幼儿园，张贴在走廊或者其他地方的墙面上。在此过程中，教师无法有效激发幼儿兴趣，也无法合理地组织幼儿合作。

8. 儿童享有不受歧视和虐待的权利

条文解读

所谓不受歧视，指的是每一位儿童不因本人或其法定监护人的种族、肤色、性别、语言、宗教、政治或其他观点、民族、族裔或社会出身、财产、伤残、出生或其他身份而受到区分、排除、限制或冷落等不公平的待遇。所谓不受虐待，指的是每一位儿童在受到法定监护人或其他照管者的照料时，不受到任何形式的身心摧残，包括体罚(或变相体罚)和辱骂、忽视和照顾不周以及其他形式的人格侮辱等。

不受歧视和虐待既是儿童的一项基本权利，也是教师尊重儿童人格、保证幼儿其他权利得以实现的基本原则。尊重儿童的人格尊严，反对一切形式的歧视和虐待是一个世界性的必须高度重视的问题。

最早把儿童不受歧视和虐待以法律形式确定为儿童的一项基本权利的是联合国于1989年通过的《儿童权利公约》。《儿童权利公约》第二条明确规定，缔约国应该“采取一切适当措施确保儿童得到保护，不受基于儿童父母、法定监护人或家庭成员的身份、活动、所表达的观点或信仰而加诸的一切形式的歧视或惩罚”。第三十七条规定，“任何儿童不受酷刑或其他形式的残忍、不人道或有辱人格的待遇或处罚”。

我国政府也出台了一系列保障儿童不受歧视和虐待的权利的法律法规。例如，《未成年人保护法》第二十七条规定：“学校、幼儿园的教职员工应当尊重未成年人人格尊严，不得对未成年人实施体罚、变相体罚或者其他侮辱人格尊严的行为。”2009年修正的《中华人民共和国教师法》(以下简称《教师法》)第八条明确规定教师要“关心、爱护全体学生，尊重学生人格”。《幼儿园管理条例》第十七条、《幼儿园工作规程》第六条、《幼儿园教师专业标准(试行)》也都明确规定了幼儿园教师严禁虐待、歧视、体罚和变相体罚、侮辱幼儿人格等损害幼儿身心健康的行为。

案例回放

案例一　教育部曝光江苏某幼儿园教师体罚幼儿

2019年11月，江苏省盱眙市某幼儿园教师陈某某在幼儿园午休期间责令4名嬉戏打闹、影响他人休息的幼儿自己打自己嘴巴。陈某某的行为违反了

《新时代幼儿园教师职业行为十项准则》第六项规定。根据《幼儿园教师违反职业道德行为处理办法》等相关规定，对陈某某予以解聘处理，同时给予园长问责处分，并对该幼儿园予以通报批评。

——改编自中华人民共和国教育部．教育部公开曝光8起违反教师职业行为十项准则典型问题[EB/OL]．(2020-07-27)[2021-05-27]．http://www.moe.gov.cn/jyb_xwfb/gzdt_gzdt/s5987/202007/t20200727_475108.html.

案例二　教育部曝光海南某幼儿园教师体罚幼儿

2019年12月，海南省屯昌县某民办幼儿园教师许某某、潘某某在保教过程中，拉扯幼儿，让幼儿自己打自己嘴巴。许某某、潘某某的行为违反了《新时代幼儿园教师职业行为十项准则》第六项规定。根据《幼儿园教师违反职业道德行为处理办法》等相关规定，对许某某、潘某某以及该幼儿园执行园长予以解聘处理；将许某某(无教师资格)列入教师资格限制库，依法撤销潘某某的教师资格，并收缴其教师资格证书，5年内不得重新取得教师资格。

——改编自中华人民共和国教育部．教育部公开曝光8起违反教师职业行为十项准则典型问题[EB/OL]．(2020-07-27)[2021-05-27]．http://www.moe.gov.cn/jyb_xwfb/gzdt_gzdt/s5987/202007/t20200727_475108.html.

案例分析

面对幼儿嬉戏打闹、影响他人休息的行为，教师往往会采取一定措施对“犯错”幼儿进行批评教育。但在案例一与案例二中，教师对幼儿采取的极端教育方法已构成体罚或变相体罚。《未成年人保护法》第二十七条明确指出：“学校、幼儿园的教职员工应当尊重未成年人人格尊严，不得对未成年人实施体罚、变相体罚或者其他侮辱人格尊严的行为。”《幼儿园工作规程》第六条也指出：“幼儿园教职工应当尊重、爱护幼儿，严禁虐待、歧视、体罚和变相体罚、侮辱幼儿人格等损害幼儿身心健康的行为。”由此可见，幼儿园应大力学习、宣传法律知识，指导、规范教师的行为，同时还应该认识到“淘气、调皮”是成人对孩子的一种看法，不一定是孩子的错。只要教师坚持积极鼓励、启发诱导的正面教育方法，孩子的行为一定会有良好的转变。

案例二中教育行政部门对涉事教师的处罚行为体现了教育行政部门与幼儿园之间存在垂直的行政法律关系。《教育法》第七十五条规定：“违反国家有关规定，举办学校或者其他教育机构的，由教育行政部门或者其他有关行政部门予以撤销；有违法所得的，没收违法所得；对直接负责的主管人员和其他直接责任人员，依法给予处分。"由此可见，教育行政部门对此是具有监管责任的，民办幼儿园本身应由教育行政部门进行审批才能设立，并应接受教育行政部门的管理、监督。教育行政部门的监管方式包括对民办幼儿园进行定期年检、对不符合要求的园所做出处理等。

9. 儿童享有法律保护和申诉权

条文解读

儿童依法享有法律保护的权利，这包括两层含义：其一，是指国家以法律形式，根据儿童身心发展的需要及特点，把社会各阶层保护儿童权利的愿望与意志集中起来，固定下来，从而转化为国家的意志，用以调整家庭、学校、社会各个方面及公民个人同儿童权利保护之间的关系。这样，儿童权利的保护不再是一般意义上的保护，而是法律意义上的保护。其二，是指对儿童保护负有义务的组织和个人，必须严格执行和遵守国家法律关于儿童权利保护的各项规定，按照作为或不作为的要求，确保儿童权利法律保护的实现。

儿童权利的法律保护是一个国际性的问题。联合国制定了一系列保护儿童权利的法律文件，其中，《儿童权利公约》堪称儿童权利保护最系统的国际性法律文件。《儿童权利公约》第二十六条第一款规定："缔约国应确认每个儿童有权受益于社会保障，包括社会保险，并应根据其国内法律采取必要措施充分实现这一权利。"第十六条第二款规定："儿童有权享有法律保护，以免受这类干涉或攻击。"为了更好地对儿童的权利进行保护，我国也制定了一系列法律与制度。《未成年人保护法》是我国保护儿童权利的专门法律，该法是从家庭、学校、社会、网络、政府和司法六个方面对儿童权利所做的特别保护性规定。此外，我国还有很多涉及儿童权利保护的法律、法规。比如《中华人民共和国义务教育法》(以下简称《义务教育法》)、《中华人民共和国母婴保健法》(以下简称《母婴保健法》)、《中华人民共和国残疾人保障法》(以下简称《残疾人保障法》)、《教育法》等。

儿童依法享有申诉权，是指儿童为了保护自身的权益，向成人或有关机关申诉理由并要求处理的权利。申诉权在儿童权益受到侵害时尤为重要。《儿童权利公约》第三十七条规定，"所有被剥夺自由的儿童均有权获得法律及其他适当援助，并有权向法院或其他独立公正的主管当局就其被剥夺自由一事之合法性提出异议，并有权迅速就任何此类行动得到裁定"。幼儿身心发展不成熟，对自身权利保护的意识和能力较弱，监护人应该主动肩负起保护幼儿权益的责任，最大限度地争取和保护幼儿的权利。

儿童享有法律保护和申诉的权利，二者相辅相成，共同服务于一个目的——儿童的健康成长和全面发展。

案例回放

案例一　只因不听话，老师狠摔4岁女童

许某，原系广州市番禺区某儿童康复中心的老师。2012年7月2日上午，许某在该服务中心二楼体育室内上课期间，因患有表达障碍的4岁多幼儿小瑶做运动时不配合，许某拉起小瑶的双手，将其凌空吊起，然后快速向后甩到地上。见孩子躺在地上不动，许某又上去踢了孩子一脚，紧接着又拉起孩子的双脚原地360度翻转过来。小瑶头部撞在地上，昏迷不醒。后经法医鉴定，小瑶的损伤程度为重伤。

此后，番禺区检察院以涉嫌故意伤害罪对许某依法提起公诉。检察机关认为，许某作为老师，不但没有给予特殊儿童必要的关爱，反而对毫无反抗和自我保护能力的幼儿使用暴力，对幼儿的生命安全权造成了严重的侵犯。这种恶劣的行径已经触犯刑律，涉嫌故意伤害，被告人许某应承担相应的刑事责任。12月13日，番禺区法院以故意伤害罪判处许某有期徒刑6年6个月。同时，小瑶的家人向该康复中心负责人和涉事老师索赔44万元医疗费用。

——改编自夏杨，潘声，崔杰锋. 番禺摔伤4岁女童案宣判：涉事老师被判6年6个月[N]. 羊城晚报，2012-12-14.

案例二　红黄蓝幼儿园虐童事件

2017年11月22日晚开始，有10余名幼儿家长反映北京市朝阳区管庄红黄蓝幼儿园新天地分园国际小二班的幼儿遭遇老师扎针、喂不明白色药片，并提供孩子身上多个针眼的照片。

2017年11月26日，北京警方就该幼儿园幼儿疑似遭针扎、被喂药一事进行了通报，涉嫌虐童的幼儿园教师刘某被刑拘。

2018年5月，就北京红黄蓝幼儿园虐童一案，检察机关向法院提起公诉。2018年12月28日上午，朝阳区人民法院依法对被告人刘某虐待被看护人案公开宣判，法院经审理查明，被告人刘某在所任职的班级内，使用针状物先后扎4名幼童，经刑事科学技术鉴定，上述幼童所受损伤均不构成轻微伤。朝阳区人民法院认为，幼儿是祖国的未来，是需要特殊保护的群体，其合法权益不容侵犯，故以虐待被看护人罪判处刘某有期徒刑1年6个月，自刑罚执行完毕

之日或者假释之日起 5 年内禁止其从事未成年人看护教育工作。

2019 年 6 月 11 日，北京市第三中级人民法院对本案做出二审宣判，裁定驳回刘某上诉，维持原判。刘某因犯虐待被看护人罪获刑 1 年 6 个月，并被责令 5 年内禁止从事未成年人看护教育工作。

——改编自刘苏雅. 红黄蓝幼儿园虐童事件[N]. 北京晚报，2019-06-18.

案例分析

儿童的权利受法律保护，凡是侵犯儿童生存权和发展权的行为都应该受到相应的法律制裁。《未成年人保护法》第一百二十九条指出："违反本法规定，侵犯未成年人合法权益，造成人身、财产或者其他损害的，依法承担民事责任。违反本法规定，构成违反治安管理行为的，依法给予治安管理处罚；构成犯罪的，依法追究刑事责任。"《幼儿园管理条例》第二十八条也规定，"体罚或变相体罚幼儿的"，"由教育行政部门对直接责任人员给予警告、罚款的行政处罚，或者由教育行政部门建议有关部门对责任人员给予行政处分"，"情节严重，构成犯罪的，由司法机关依法追究刑事责任"。上述两个案例是典型的虐童事件。案例一中，许某的行为严重侵犯了幼儿的身体健康权，并且触犯了《中华人民共和国刑法》(以下简称《刑法》)，因此被依法追究相应的刑事责任。同时该康复中心因为监管不力等，也负有相应的法律责任。案例二曾轰动一时，其虐童行为令人发指。公、检、法机关迅速采取了措施，追究涉事教师的刑事责任。

尽管我国对儿童保护进行了相关的立法，并已经进入儿童权利保护体系的建立阶段，但是我国对儿童权利保护的总体水平还比较低，各种伤害儿童人身安全的事件时有发生。事实上，保护儿童合法权益不仅需要法律的规定和制约，还需要全社会每个成年人知法守法；不仅需要违法后的执法惩罚，更需要全社会共同创造良好的社会环境、舆论氛围，使爱护儿童和保护儿童成为全社会的共识。幼儿园教师应该考虑到幼儿处于弱小状态，把对幼儿权利的法律保护当作自己的义务和责任。

二、卫生保健与安全防护

10. 重视身心健康，保护生命安全

条文解读

健康包括身体健康和心理健康，是指“人在身体、心理和社会适应方面的良好状态”。《3～6岁儿童学习与发展指南》指出：“发育良好的身体、愉快的情绪、强健的体质、协调的动作、良好的生活习惯和基本生活能力是幼儿身心健康的重要标志，也是其它领域学习与发展的基础。”幼儿园教师应重视幼儿的身心健康，围绕这些内容对幼儿展开健康安全教育。这不仅关系到幼儿当前的健康状态，也关系到其一生的健康发展。

促进幼儿身心发展是幼儿阶段的首要任务，其中，保护幼儿生命安全是重中之重，应将其放在促进幼儿身心健康发展的首要位置。幼儿身心发育不成熟，抵御疾病的能力较差，对环境的适应能力弱，自我保护能力不足，容易受到多方面的伤害，需要成人的关怀与爱护。成人为幼儿营造安全的环境与氛围，时刻保护幼儿的生命安全，是幼儿进行一切学习生活的基础。

因此，将保护幼儿生命安全放在首位，重视幼儿身心健康发展是幼儿园教师的重要职责。2001年颁布的《幼儿园教育指导纲要（试行）》提出“幼儿园必须把保护幼儿的生命和促进幼儿的健康放在工作的首位”。2012年颁布的《幼儿园教师专业标准（试行）》也明确规定了教师应当“关爱幼儿，重视幼儿身心健康，将保护幼儿生命安全放在首位”。2016年施行的《幼儿园工作规程》第五条也提出，幼儿园保育和教育的主要目标之一是“促进幼儿身体正常发育和机能的协调发展，增强体质，促进心理健康”。2018年出台的《中共中央 国务院关于学前教育深化改革规范发展的若干意见》再次强调，“幼儿园必须把保护幼儿生命安全和健康放在首位”。

案例回放

幼儿园安全管理“三六九”

由于幼儿年龄小，认知水平比较低，自我安全意识和防护意识较弱，因此幼儿园的安全工作就成了重中之重。家长把孩子送到幼儿园，是信任幼儿园，是将一份责任托付给了幼儿园，幼儿园就有责任照顾好、教育好孩子。

江苏省某幼儿园把安全工作作为幼儿园文化建设的一部分，融入教师的意识理念、日常行为和幼儿的整体工作中，逐渐建立起来的安全工作长效管理机制，被教师们称为“三六九”，即“三个常”“六个一”“九个不”。

“三个常”是指常规、常态、常效。即幼儿园建立满足幼儿年龄特点需要的常规，安全工作从应付上级检查改变为常态化安全管理，安全工作立足全面深入、效果长久。安全工作的全覆盖，实现了事事有人做，时时有人防，人人都参与，处处都安全。

“六个一”是指一个理念、一个原则、一个小组、一班人马、一本制度、一套程序。其中，一个理念是指全园上下树立让师生员工“高高兴兴进幼儿园，平平安安回到家”的安全工作理念，一个原则是指坚持安全工作人人参与、人人有责的原则。“六个一”的做法，融入在幼儿在园一日生活的各个环节，融入在教师一天工作的各个方面，融入在幼儿园安全管理的各个层面。

“九个不”是指设施安全不惜重金、安全隐患不许疏漏、食品安全不能马虎、安全教育不厌其烦、师生安全不得轻视、接送安全不容忽视、活动安全时时加强、教育安全不断改善、家庭安全不能忽视。

安全问题是幼儿园教育的重中之重，幼儿园务必把保护幼儿的生命和促进幼儿的健康放在工作首位，关注每一位幼儿在园的点点滴滴，确保他们在园健康快乐地成长。幼儿年龄较小，生活自理能力差，生活经验少，最容易发生危险，需要成人及时的帮助和指导。因此，幼儿在园全覆盖的安全工作十分重要，只有在确保幼儿安全的前提下才能真正实现幼儿在园的主体地位。

——改编自陈晓萍. 幼儿园安全管理“三六九”[J]. 早期教育，2016(10).

案例分析

这是江苏省某幼儿园的幼儿园安全管理机制，充分体现出了幼儿园把保证幼儿生命安全放在首位的良好理念。幼儿园的安全问题是重中之重，幼儿园要时刻将幼儿的安全放在首位，不仅要创设一个健康安全、舒心愉快的环境，还要建立长效的安全管理机制，将安全管理常态化，落实到日常工作的点滴之中。幼儿园教师有责任保证幼儿在园的生命安全与健康成长。

我国 2012 年颁布的《托儿所幼儿园卫生保健工作规范》具体对幼儿园的各项卫生健康安全工作做了明确的规定，比如，幼儿园的卫生保健工作职责、一日生活中的卫生保健内容与要求、儿童膳食、体格锻炼、健康检查、卫生消毒、传染病防控、常见病预防、伤害预防、健康教育、健康信息收集等。《3～6 岁儿童学习与发展指南》和《幼儿园教育指导纲要（试行）》也对幼儿健康领域的教育做了规定，比如，身体健康方面要培养平衡能力、协调能力、动作灵敏、力量和耐力、卫生习惯等，心理健康方面要培养幼儿的安全感、信任感、自主性、自信心、对环境的适应、有安定愉快的情绪等。幼儿园教师应认真执行与贯彻以上政策条文，全面了解保证幼儿健康安全的具体做法，对幼儿进行健康安全方面的教育，将幼儿的生命安全放在首要位置，将促进幼儿的身心发展作为首要任务。

11. 严格健康检查，预防常见疾病

条文解读

幼儿入园健康检查制度是预防疾病的有力措施。建立并遵守合理适宜的入园检查制度，能及时有效地防止传染病及危险事故的发生。幼儿入园健康检查包括两方面：一是新生的入园体检；二是每日的幼儿入园健康检查，也称“晨午检”。

我国出台的一些政策条文明确规定了幼儿园要建立幼儿入园的健康检查制度，防止疾病的发生与传播。《托儿所幼儿园卫生保健管理办法》第十五条规定，“建立健康检查制度，开展儿童定期健康检查工作，建立健康档案”；第十六条规定，“托幼机构应当在疾病预防控制机构指导下，做好传染病预防和控制管理工作”；第十八条规定，“儿童入托幼机构前应当经医疗卫生机构进行健康检查，合格后方可进入托幼机构”。《幼儿园工作规程》第十九条、第二十条和《幼儿园管理条例》第十八条也明确提出了幼儿园应当建立幼儿健康检查制度和幼儿健康卡或档案；建立卫生消毒、晨检、午检制度和病儿隔离制度，配合卫生部门做好计划免疫工作；建立卫生保健制度，防止发生食物中毒和传染病的流行。

对于日常的入园健康检查，晨午检需要本班教师和有经验的卫生保健人员

认真执行。晨间/午间入园检查的主要目的是防止幼儿将传染病及危险品带到园内。检查一般在日托幼儿每天入园时、整托幼儿早晨起床后进行。《托儿所幼儿园卫生保健工作规范》对此有详细规定：(1)做好每日晨间或午间入园(所)检查。检查内容包括询问儿童在家有无异常情况，观察精神状况、有无发热和皮肤异常，检查有无携带不安全物品等，发现问题及时处理。(2)应当对儿童进行全日健康观察，内容包括饮食、睡眠、大小便、精神状况、情绪、行为等，并做好观察及处理记录。(3)卫生保健人员每日深入班级巡视 2 次，发现患病、疑似传染病儿童应当尽快隔离并与家长联系，及时到医院诊治，并追访诊治结果。(4)患病儿童应当离园(所)休息治疗。如果接受家长委托喂药时，应当做好药品交接和登记，并请家长签字确认。

案例回放

传染病蔓延导致被迫停课

秋冬时节，我园有一个班级因传染病蔓延而被迫停课。从第一例手足口病确诊开始，不到两天时间，班级中又确诊了四例，而且在晨午检过程中，又有疑似病例出现。蔓延的速度之快，令人措手不及。针对这种情况，园长室不得不采取果断措施，对这个班级进行停课。

一周过后，班级恢复上课，患儿也都康复入园了，但我的头脑中始终有一个问题挥之不去，令我非常纠结。从知道第一例确诊患儿起，幼儿园就立即启动传染病应急预案，并采取了以下措施：(1)加强晨午检；(2)增加开窗通风时间和时段；(3)清洗、消毒所有用品；(4)加强幼儿洗手环节管理；(5)利用社交媒体进行家庭指导。

应急工作做得很细致，可为什么传染病还是在班级中蔓延开了呢？经过反复检查研讨，我和班上三位老师终于发现了原因：(1)医院误诊，是导致蔓延的主要原因。(2)幼儿园教师对传染病知识的匮乏，是导致蔓延的根本原因。比如，这次有个疑似病例被医院确诊为“小儿疱疹性咽峡炎”，老师看到病历，并没有拒绝孩子入园，事后才知道该病有极强的传染性。(3)家长对病情的隐瞒，是导致蔓延的直接原因。

找到了手足口病蔓延的原因，大家一致认为要从以下几个方面将传染病预防工作做细做实：(1)保健医要经常上网搜索儿童传染病的新病例，不能拘泥于老的书本，而要随时掌握新动向，利用平台第一时间向家长和老师宣传新型传染病的相关知识。(2)加强幼儿园和班级的晨午检工作，查到疑似病例，建议家长将幼儿带到当地专门的儿童医院就诊，避免误诊而拖延病情，做到及早发现，及早隔离，及早预防。(3)引起家长对传染病的重视。(4)引导家长摆正心态。

——改编自孙成平．为了停课事件不再发生……[J]．早期教育，2016(10)．

案例分析

案例中，幼儿园教师缺乏传染病的相关知识，晨午检工作中并未察觉到幼儿的病情，是传染病蔓延的根本原因。手足口病是一种较常见的传染性疾病，主要是肠道病毒感染引起的。该疾病一般以 5 岁以下幼儿居多，主要发病部位为手、足、口，在临床上表现为口痛、厌食、低热等，部分部位会出现疱疹，病情严重情况下，还会降低幼儿的生活质量，威胁幼儿的生命安全。

幼儿园的晨检要遵循"一问、二摸、三看、四查"的步骤。"一问"是指询问幼儿家长，了解幼儿的健康状况，包括饮食、睡眠、大小便情况等；"二摸"是指抚摩幼儿前额，辨别有无发烧症状，对可疑幼儿测量体温；"三看"是指观察幼儿的精神状态是否良好，其面色、喉咙等有无异常，皮肤有无皮疹(特别注意面部、耳后、颈部)，是否存在传染病的早期征兆，将可疑者隔离，带去医院就诊；"四查"是指检查幼儿是否携带不安全的物品，比如尖锐的物体、玻璃片、小刀、药品、珠子等，发现后迅速处理。

例行晨检不可忽视，要认真仔细对待，这是防止传染病入侵幼儿园的一道城墙。专业且严格的晨检能有效保证幼儿们的健康。

12. 注重安全教育，增强自我保护

条文解读

幼儿园安全教育是指"根据学前儿童动作发展、认知发展以及已有生活经验等方面的特点，加强学前儿童对周围环境中潜在危险的认识，提高其预见性和保护技能，减少意外伤害发生，提高生命质量的教育"。

幼儿年龄较小，自我保护意识淡薄，容易发生意外伤害事故。幼儿阶段实施安全教育意义深远，培养幼儿良好的行为习惯、提高自我保护的意识、了解自我保护的知识，进而提高自我保护能力，不仅关系到幼儿自身的健康成长，也关系到家庭的幸福平安。因此，将安全教育纳入课程体系刻不容缓。安全教育要以增强幼儿的自我保护意识及能力为目的，内容要结合生活实际，并针对学生的年龄、认知、法律行为的特点选择适宜的教学内容和预防措施。

《中共中央 国务院关于学前教育深化改革规范发展的若干意见》明确提出幼儿园要“强化法治教育和安全教育，提高家长安全防范意识和能力，并通过符合幼儿身心特点的方式提高幼儿感知、体悟、躲避危险和伤害的能力”。近些年来，我国儿童意外事故不断发生，《未成年人保护法》第六条强调“国家、社会、学校和家庭应当教育和帮助未成年人维护自身合法权益，增强自我保护的意识和能力”。因此，幼儿园教师有义务对幼儿进行安全教育。

另外，我国还有很多政策条文都强调要对幼儿开展安全教育，提高幼儿的自我保护意识及能力。《幼儿园教育指导纲要（试行）》和《3～6岁儿童学习与发展指南》都明确提出要结合生活实际对幼儿进行安全教育。《幼儿园工作规程》第十五条第二款也明确提出：“幼儿园应当把安全教育融入一日生活，并定期组织开展多种形式的安全教育和事故预防演练。”《新时代幼儿园教师职业行为十项准则》第五项规定，教师要“加强安全防范。增强安全意识，加强安全教育，保护幼儿安全，防范事故风险”。除此之外，《中小学幼儿园安全管理办法》第三十八条也指出：“学校应当按照国家课程标准和地方课程设置要求，将安全教育纳入教学内容，对学生开展安全教育，培养学生的安全意识，提高学生的自我防护能力。”第四十一条第一款强调，“学校应当对学生开展安全防范教育，使学生掌握基本的自我保护技能，应对不法侵害”。《学生伤害事故处理办法》第五条也规定，“学校应当对在校学生进行必要的安全教育和自护自救教育”；“学校对学生进行安全教育、管理和保护，应当针对学生年龄、认知能力和法律行为能力的不同，采用相应的内容和预防措施”。

案例回放

安全小卫士

常言道“授人以鱼不如授人以渔”，为确保幼儿健康快乐地成长，山东省某幼儿园坚持开展“安全小卫士”特色活动，让幼儿增长安全知识，获得安全体验，提升自我保护能力。“安全小卫士”特色活动包含三个部分。

一、安全小卫士当家

（1）建安全档案。幼儿园为每位幼儿建立了安全档案，并要求幼儿至少能记住一名家庭成员的联系电话，大、中班的幼儿要能熟记家庭详细地址。

（2）寻安全隐患。幼儿园让幼儿积极参与到班级内外安全环境的创设中，例如，找身边不安全的行为和地方，一起设计安全标志，并张贴“安全宝贝”标识。

（3）树安全意识。幼儿园设计了各种模拟情境，培养幼儿的安全防范意识。

例如，请一位“陌生人”充当骗子，想尽办法诱骗孩子跟自己走。

二、安全小卫士行动

(1)我是安全小卫士。通过班级推荐、幼儿评议等形式，每周每班推举两名安全小卫士和两名家长义工，参与幼儿园的安全管理工作。

(2)安全逃生本领强。幼儿园定期举办安全演练。

(3)向警察叔叔学本领。警察们到幼儿园，就防拐卖、防交通伤害以及日常生活中需要注意的安全事项等，进行深入浅出的讲解，与幼儿交流互动。

三、安全小卫士之旅

(1)安全小卫士走进110。110指挥中心的警察给大班幼儿上安全课。幼儿们观看了安全教育的宣传片，亲自操控监控系统的遥控杆。在“我问你答”环节中，幼儿们了解了日常生活中的安全知识。

(2)快乐的119消防之旅。每年11月9日消防日前后，幼儿园组织中班幼儿走进胜利油田消防支队，近距离了解消防员的工作环境与训练生活。消防员向幼儿讲解火灾中逃生、自救的方法以及拨打119电话报警的正确做法。

(3)安全环保小卫士进社区。每年6月是幼儿园“安全环保小卫士”活动月，全园家长带领幼儿在“安全环保”承诺书上签名。同时，各年级组织开展“安全环保小卫士”主题教育活动。幼儿们在教师的带领下来到社区，清理小区场地上的落叶和垃圾，学做安全环保小卫士。

——改编自韩丽芝. 我园的“安全小卫士”特色活动[J]. 早期教育，2014(7-8).

案例分析

本案例中，幼儿园将园内活动与园外实践相结合，充分运用社区、110指挥中心、消防支队等多种资源，采取丰富多彩的活动形式进行安全教育，让幼儿对各种安全问题有了深刻的理解，对安全知识有了全面的掌握，极大地提高了幼儿识别风险和自我保护的能力。

安全教育是幼儿增强自我保护能力的重要途径，根据幼儿年龄特点与心理水平的差异，对幼儿开展的安全教育要有所侧重。《3～6岁儿童学习与发展指南》健康领域的目标之一为“具备基本的安全知识和自我保护能力”，并提出了可供参考的3～6岁儿童发展目标以及教师指导建议。例如：

3～4岁儿童要知道不跟陌生人走，不吃陌生人给的东西；在提醒下能注意安全，不做危险的事(如不动热水壶，不玩火柴或打火机，不摸电源插座，不攀爬窗户或阳台等)；在公共场所走失时，能向警察或有关人员说出自己的名字、家庭地址、家长的名字或电话号码。

4～5 岁儿童要了解在公共场合不远离成人的视线单独活动；认识常见的安全标志(如小心触电、小心有毒、禁止下河游泳、紧急出口等)，能遵守安全规则；运动时能主动躲避危险；知道简单的求助方式(如遇到火灾或其他紧急情况时，知道要拨打 110、120、119 等求救电话)。

5～6 岁儿童要知道未经大人允许不给陌生人开门；能自觉遵守基本的安全规则和交通规则；运动时能避免给他人造成危险；知道一些基本的防灾知识。

教师在日常教学中要注意结合生活实际对幼儿进行安全教育，教给幼儿简单的自救和求救方法，注重用多种方式对幼儿进行适宜的安全教育，比如，利用图书、音像等材料对幼儿进行逃生和求救方面的教育，并运用游戏方式模拟练习，在有关活动中渗透安全教育等。幼儿园应定期进行火灾、地震等灾害的逃生演习。

13. 加强安全建设，防范意外事故

条文解读

创设安全卫生的环境和制度都是为了防范幼儿意外事故的发生。制定安全制度是创设良好环境的基础，创设安全卫生的环境是保证幼儿安全活动的前提。

所谓园所规章制度，是指为了实现托幼机构的目标，对园内各项工作和对各类人员的要求加以条理化、系统化，制定的各类人员必须遵守的行为准则和工作规程的总和。“没有规矩，不成方圆。”创设安全的幼儿园规章制度，加强幼儿园的管理与监督，能明确教职工的工作职责，增强教职工责任意识，规范教职工行为，确保正常的工作秩序，确保幼儿及教职工的生命、财产安全，有助于建设良好的园风。幼儿园制定的规章制度要细致，责任要明确，措施要可行。《托儿所幼儿园卫生保健管理办法》第十五条规定“建立卫生安全管理制度，落实各项卫生安全防护工作，预防伤害事故的发生”。《幼儿园工作规程》第十二条明确提出：“幼儿园应当严格执行国家和地方幼儿园安全管理的相关规定，建立健全门卫、房屋、设备、消防、交通、食品、药物、幼儿接送交接、活动组织和幼儿就寝值守等安全防护和检查制度，建立安全责任制和应急预案。”《中共中央 国务院关于学前教育深化改革规范发展的若干意见》也指出，幼儿园要“落实园长安全主体责任，健全各项安全管理制度和安全责任制”。一般来说，幼儿园的安全制度包括食品安全、药品管理、消防安全、交通安

全、门卫安全、校车安全、环境设备安全、幼儿接送制度等方面内容。

幼儿园的环境包括物质环境和精神环境。健康、卫生、安全的环境能保障幼儿快乐地学习生活。《3～6岁儿童学习与发展指南》对创设安全的环境提出了一些具体的教育建议，比如：要把热水瓶、药品、火柴、刀具等物品放到幼儿够不到的地方；阳台或窗台要有安全保护措施；要使用安全的电源插座；为幼儿提供的塑料颗粒、珠子等活动材料要足够大，材质要安全，以免造成异物进入气管、铅中毒等伤害；提醒幼儿不要拿剪刀等锋利工具玩耍，幼儿专用美工剪用完后要放回原处；营造温暖、轻松的心理环境，让幼儿形成安全感和信赖感等。

我国还有一些法律条文也明确了幼儿园要重视安全制度和环境的创设，防止事故的发生。《学生伤害事故处理办法》第五条提出，学校“应当按照规定，建立健全安全制度，采取相应的管理措施，预防和消除教育教学环境中存在的安全隐患”。《幼儿园管理条例》第十九条规定：“幼儿园应当建立安全防护制度，严禁在幼儿园内设置威胁幼儿安全的危险建筑物和设施，严禁使用有毒、有害物质制作教具、玩具。”第二十一条规定：“幼儿园的园舍和设施有可能发生危险时，举办幼儿园的单位或个人应当采取措施，排除险情，防止事故发生。”《托儿所幼儿园卫生保健管理办法》第七条指出：“托幼机构的建筑、设施、设备、环境及提供的食品、饮用水等应当符合国家有关卫生标准、规范的要求。”对影响幼儿园安全卫生的单位和个人，根据情节严重性不同，给予的处罚不同。比如，对于在幼儿园周边设置有污染、有危险或影响幼儿园采光的建筑和设施的，使用有毒、有害物质制作教具、玩具的单位或个人。《幼儿园管理条例》第二十八条明确指出，“由教育行政部门对直接责任人员给予警告、罚款的行政处罚，或者由教育行政部门建议有关部门对责任人员给予行政处分”，“情节严重，构成犯罪的，由司法机关依法追究刑事责任”。

幼儿园教师要重视各种明确可行的安全防护制度，为幼儿营造一个健康安全的学习生活环境，大力保障幼儿在园的健康安全成长，防范意外事故的发生。

案例回放

夺命校车

2014年7月10日，湖南省湘潭市某幼儿园驾驶员郑某驾驶校车在送幼儿回家途中，车辆坠入长沙市岳麓区一水塘，导致11人死亡。调查认定，该事故是一起重大道路交通安全责任事故。

肇事校车通过了两次湘潭市学生用车管理工作小组的审查，并获得了校车使用许可证书。在第二次审查的过程中，幼儿园向湘潭市交警支队雨湖大队报告校车的 2 条实际运行路线，在原来审核路线的基础上增加了“新湖村—计家坝—陈家湾—石湖(干子村)”的运行路线，但是新增线路没有经过教育、交通等部门和当地政府的审核。该幼儿园由王某海、王某裳父女于 2010 年共同创办，园长为黄某某，现有学生 120 人，教职员工 13 人，校车 3 辆。王某裳在创办幼儿园后没有参与幼儿园的管理，没有履行法定代表人职责。

当日 16 时，幼儿园放学，幼儿在幼儿园教师的组织下坐上校车，2 名幼儿园教师和 13 名幼儿登上了核载 8 人的校车。司机郑某驾驶该校车(实载 16 人)从幼儿园出发，送幼儿回家。在沿途送完 5 名幼儿后，车辆行经长沙市岳麓区一水塘的坝基机耕道时，坠入水塘，事发时车速为 32 千米/时。事故发生后，长沙、湘潭两市迅速调集消防、医疗等部门参与事故救援。长沙市调集了海事局水警大队、蓝天水上救援队参与水下救援工作。7 月 11 日 3 点 30 分，校车被打捞出水，车上 11 人全部遇难。

——改编自朱胜男. 私改路线无监管　超员超速坠池塘：湖南省长沙市岳麓区“7.10”校车重大道路交通事故分析[J]. 吉林劳动保护，2020(1).

案例分析

这是一起由于幼儿园安全管理制度落实不到位、安全管理工作严重缺失而酿成重大校车事故的典型案例。造成此次悲剧的直接原因是司机郑某驾驶超员的校车在临水、窄路、弯道和下坡机耕道上违法超速(限速 20 千米/时，事故时 32 千米/时)和不按照审核路线行驶，违反安全驾驶操作规范，导致校车冲出路面坠入水塘。间接原因是幼儿园、教育主管部门等多方职责落实不到位。其中幼儿园方面，安全管理主体责任不落实，安全管理工作严重缺失。一是幼儿园法定代表人王某裳长期不在岗，安全管理主体责任落实不到位；二是安全管理流于形式，对校车驾驶人及随车照管的幼儿园教师的安全教育培训不到位，没有及时纠正郑某违法超员驾驶行为；三是未经审核批准，擅自增加校车跨区域行车路线，导致校车在不具备安全通行条件的道路上行驶；四是没有认真解决校车与生源数量的供需矛盾，导致校车超载行驶。

校车安全是幼儿园安全制度的重要组成部分。《幼儿园工作规程》第十二条明确指出：“幼儿园应当严格执行国家和地方幼儿园安全管理的相关规定，建立健全门卫、房屋、设备、消防、交通、食品、药物、幼儿接送交接、活动组织和幼儿就寝值守等安全防护和检查制度，建立安全责任制和应急预案。”为了加强校车安全管理，保障幼儿的人身安全，我国针对校车安全管理出台了一系列政策法律。早在 2005 年，《教育部办公厅关于加强中小学幼儿园校车安全管理的紧急通知》就提出各地要对中小学幼儿园的校车进行一次全面检查和清理，建立安全管理责任制度。2012 年 4 月，国务院发布实施《校车安全管理条例》，规定了保障校车安全的基本制度。随后，政府以该条例为根本，又发布了相关政策法规，如《专用校车安全国家标准》。幼儿园应当落实园长安全主体责任，建立健全校车安全管理制度和安全责任制度，对校车日常使用做严格、详细的规定，加强对幼儿园负责人、校车驾驶人和随车照管人员的安全教育和管理。作为随车照管人员，幼儿园教师应当清楚自己的职责及法律责任，认真履行落实安全职责。例如：核对幼儿乘车名单，以及每个站点需要上下车的幼儿、监督校车司机规范驾驶等；积极参与平时的校车安全事故演习，主动学习校车安全知识。

幼儿园教师在思想上要重视幼儿园的安全制度，在行为上应当遵守制度，提高责任心，努力保障幼儿的人身安全，为幼儿创设健康、卫生、安全的成长环境，防范意外事故的发生。

14. 熟知应急预案，掌握救护常识

条文解读

应急预案是应对可能发生的突发事件，为保证迅速有效开展应急救援行动、降低事故损失而制订的有关计划或者方案。安全应急预案是突发事件应急管理体系的重要组成部分。

幼儿园安全应急预案是指针对幼儿园可能发生的自然灾害、公共卫生、意外事故等突发事件制订的计划管理方案，一般包括火灾、洪灾、地震、食物中毒、交通安全、传染病、人为破坏、其他伤亡事故等。近些年幼儿园突发事件频发，幼儿园应重视制定严谨可行的应急预案，有效预防突发事件的发生，定期组织教师、幼儿进行安全防范演习。教师应熟知幼儿园的安全应急预案，掌握安全救护常识。

我国 2012 年颁布的《幼儿园教师专业标准（试行）》明确提出，幼儿园教师应当“熟知幼儿园的安全应急预案，掌握意外事故和危险情况下幼儿安全防护与救助的基本方法”。《幼儿园工作规程》第十五条第一款也明确规定：“幼儿园教职工必须具有安全意识，掌握基本急救常识和防范、避险、逃生、自救的基本方法，在紧急情况下应当优先保护幼儿的人身安全。”《新时代幼儿园教师职业行为十项准则》第五项提出幼儿园教师“不得在保教活动中遇突发事件、面临

危险时，不顾幼儿安危，擅离职守，自行逃离”。《托儿所幼儿园卫生保健工作规范》指出：“托幼机构应当建立重大自然灾害、食物中毒、踩踏、火灾、暴力等突发事件的应急预案，如果发生重大伤害时应当立即采取有效措施，并及时向上级有关部门报告。”《中小学幼儿园安全管理办法》第四条也规定了要“健全学校安全预警机制，制定突发事件应急预案，完善事故预防措施，及时排除安全隐患，不断提高学校安全工作管理水平”。第四十五条要求幼儿园教师“熟悉安全规章制度、掌握安全救护常识，学会指导学生预防事故、自救、逃生、紧急避险的方法和手段”。

案例回放

消防演练　关注安全

2016 年 9 月 22 日，我园与太东社区、长治市消防支队携手，对全园教职工开设了消防安全知识讲座，并在消防人员的指导下进行了“火灾疏散应急演练”。

8:30，消防车从安全通道进入我园。首先，消防支队警员对我园的安全消防系统及设备进行了严格检查，同时现场指导我园安全小组成员正确使用消防设备。其次，消防员进入幼儿活动室，仔细勘察活动室环境，并针对性地指导一线带班教师“遇到火灾如何疏散幼儿，保证安全”。最后，消防员在教师的协助下，为幼儿上了一节生动、有意义的安全活动课。

9:00，“火灾疏散应急演练”正式开始。首先，警报拉响，全体人员各就各位。其次，幼儿在教师和消防员的带领下，用湿毛巾捂住口鼻，俯身沿着右手边墙角，穿过最近的安全通道快速到达指定避险场地。最后，教师清点幼儿人数，向现场总指挥汇报。此次演练共计 5 分钟，全园 18 个班级、479 名幼儿、81 名教职工，无一人受伤和滞留。幼儿的表现受到了在场消防官兵的一致好评！

系列活动结束后，长治市消防支队指导员就此次活动做了详细的总结，并针对幼儿园的特殊性质，为广大教职工开展安全知识讲座，让大家做到“三懂三会”：懂火灾的危害性，懂火灾的扑救方法，懂预防火灾的措施；会报火警，会使用灭火器，会逃生自救。最终目的是教职工能够在保护自身安全的前提下，保护幼儿的生命安全和幼儿园的财产安全。通过这次规范、严格的演练活动，教师们不仅懂得了发生火灾后如何自救、如何逃生、如何拨打 119 火警电话报警，更懂得面对突发事件要沉着应对、心系幼儿，带领幼儿有序、有效地逃生。通过演练，幼儿也在直接感知、实际操作、亲身体验中学会了自我保护的方法，懂得遇到危险时要听从教师安排，不要惊慌，要有序撤离。

——改编自程海燕，张宁，吕超．消防演练　关注安全：幼儿园火灾疏散应急演练纪实[J]．山西教育(幼教)，2017(3)．

案例分析

《教育部 公安部关于加强中小学幼儿园消防安全管理工作的意见》提出："学校应当每年至少对教职工开展一次全员消防安全培训""幼儿园应当采取寓教于乐的方式对儿童进行消防安全常识教育"。本案例中，幼儿园与消防支队联手，不仅进行了专业的火灾疏散应急演练，而且对幼儿和教职工们进行了安全教育。教职工们在此次演练中既熟悉了火灾应急预案、掌握了关于火灾的安全知识，又懂得了在面临突发事件时要沉着冷静、心系幼儿，指导幼儿自我保护，带领幼儿有序逃生。

幼儿园拥有一套可行的应急预案并对幼儿园教师及教职工进行培训很有必要。首先，在出现突发事件时，可以保证迅速、有效、有序地开展应急预案，降低事故的损失。具体的应急预案应当包括指挥、协调人员的作用，明确事件发生前、过程中、结束后各方面负责的人员，以及具体职责。其次，应急预案还可以指导幼儿园教职工日常的培训和演练，使幼儿园教师在真正面对突发事件时临危不惧。

对于幼儿园来说，要根据可能发生的突发事件制定相应的应急预案。对于幼儿园教师来说，要熟知幼儿园的各项应急预案，并掌握安全的救护知识。

15. 学习救护方法，做好急救措施

条文解读

幼儿自我保护能力及意识较弱，且具有活泼好动、好奇心强的年龄特点，面对突发事故容易受到伤害。教师对幼儿具有教育、管理、保护的责任，在幼儿发生伤害事故时，要及时冷静地处理，准确果断地救护。而在事故中能及时准确处理的前提是，幼儿园教师具有高度的责任心，注意到安全隐患且熟知事故的紧急救护措施。

一些常见的突发事件及伤害事故包括：同伴咬伤/打伤、坠落、摔伤、跌伤、烫伤、烧伤、运动器材致伤、尖锐物品戳伤、食物/药物中毒、拥挤踩踏、动物咬伤、耳鼻喉进入异物、晕厥休克、溺水、交通事故等。幼儿园教师应了

解常见的事故起因、易发生事故的环节，做好预防工作，在出现事故的最初几分钟里，迅速判断出病情轻重并采取相应紧急处理措施，将事故对幼儿的伤害降到最低。

我国的一些政策条文对幼儿园教师的救护知识及能力提出了要求。《幼儿园教师专业标准(试行)》明确规定幼儿园教师要能“掌握意外事故和危险情况下幼儿安全防护与救助的基本方法”，要“有效保护幼儿，及时处理幼儿的常见事故，危险情况优先救护幼儿”。

还有一些法律法规提出了在学生发生伤害事故时，要及时救助受伤学生，采取紧急救护措施。《幼儿园管理条例》第二十条对食物中毒和传染病事故提出了处理办法：“幼儿园发生食物中毒、传染病流行时，举办幼儿园的单位或者个人应当立即采取紧急救护措施，并及时报告当地教育行政部门或卫生行政部门。”《学生伤害事故处理办法》第十五条指出：“发生学生伤害事故，学校应当及时救助受伤害学生，并应当及时告知未成年学生的监护人；有条件的，应当采取紧急救援等方式救助。”《中小学幼儿园安全管理办法》第五十七条也明确指出：“发生学生伤亡事故时，学校应当按照《学生伤害事故处理办法》规定的原则和程序等，及时实施救助，并进行妥善处理。”

案例回放

4岁男童幼儿园被噎身亡

2018年9月10日，湖南益阳某幼儿园发生了一起悲剧，几个小孩围坐在饭桌前吃饭，其中一名4岁男孩吃饭时不小心被食物噎住。

事发当天，正值午餐时分，幼儿园老师们带着小孩一起吃饭。小孩都爱边吃边玩，于是老师将饭菜放在桌子上后，就先离开了。老师离开之后，一名穿白色上衣的男孩一边吃东西一边和隔壁的小孩玩闹。没过多久，男孩便紧紧捂住嘴巴，并且不停地大声咳嗽。随后，男孩一直在用手指抠自己的喉咙。

从男孩被噎、咳嗽到用手抠喉咙，这3分钟的时间里，现场没有一名老师经过。3分钟后，才有老师注意到男孩的异常反应，把男孩牵到教室一角，试图把卡在喉咙的食物弄出来，并拨打了120求救。不过遗憾的是，最终医生还是没能将孩子抢救过来。

听到孩子不幸去世的消息，孩子的妈妈几度哭晕过去，孩子妈妈查看了事发时的监控画面，看到孩子在被噎住后的3分钟之内，竟无一名老师察觉，孩子妈妈再次痛哭。经过双方调解，幼儿园愿承担所有责任。

——改编自崔鹏，石磊.“提醒”痛心！4岁男童幼儿园被噎身亡，母亲看完监控大哭[EB/OL]. (2018-09-17)[2021-05-27]. https://baijiahao.baidu.com/s?id=1611854090468341574&wfr=spider&for=pc.

案例分析

这是一起幼儿园教师不在场且未及时使用正确的应急处理办法而造成幼儿死亡的典型案例。案例中，造成悲剧发生的原因主要有两个。第一，幼儿园教师没有及时发现幼儿被噎住，耽误了最佳的急救时间；第二，幼儿园教师没有使用正确的应急处理办法。当1岁以上幼儿出现异物吸入时，可以采用海姆利希手法进行院前急救。具体方法是：救助者站在患儿身后，从背后抱住其腹部，双臂围环其腰腹部，一手握拳，拳心按压于患儿的肚脐和肋骨之间的部位，另一手捂按在拳头之上，双手急速用力向里向上挤压，反复实施，直至阻塞物吐出。①

幼儿在园发生的伤害事故有轻有重，需要教师在很短的时间内正确判断出病情及需要的紧急措施。一般来说，幼儿园教师可从受伤幼儿的呼吸、脉搏、瞳孔来判断伤势轻重。一些事故可迅速危及生命，必须在现场争分夺秒地挽救生命，如触电、雷击、溺水、气管异物、中毒、车祸等。还有一些事故如烫伤、烧伤、骨折等，虽不会马上危及生命，但也需要初步的紧急救护，不可延缓处理。另外还有一些在幼儿园常见的小外伤，如擦伤、挫伤、割伤等，需要及时送到医务室进行消毒、包扎、上药处理，防止感染。教师应在平时了解幼儿遭受意外伤害的特点，掌握各种伤害事故的处理方法，吸取教训及积累经验。

本案例中幼儿园教师缺少相关的急救知识，使用不当行为急救，从侧面反映出该幼儿园教师缺少预防幼儿伤害的相关知识和急救技能的培训。《托儿所幼儿园卫生保健工作规范》提出要定期对教师实施安全培训，提高教师应急能力及急救技能。其中"伤害预防"部分规定："托幼机构应当加强对工作人员、儿童及监护人的安全教育和突发事件应急处理能力的培训，定期进行安全演练，普及安全知识，提高自我保护和自救的能力。""保教人员应当定期接受预防儿童伤害相关知识和急救技能的培训，做好儿童安全工作，消除安全隐患，预防跌落、溺水、交通事故、烧(烫)伤、中毒、动物致伤等伤害的发生。"

① 上海市医学会、上海市医学会儿科专科分会：《儿科名家话健康》，77页，上海，上海科学技术出版社，2017。

16. 妥善处理事故，明晰责任主体

条文解读

幼儿园无法完全避免幼儿伤害事故的发生，但只要是发生在幼儿园的伤害事故，幼儿园就要承担责任的想法是错误的。那么幼儿在园发生了人身伤害事故该由谁承担责任，如何界定法律责任，履行何种法律责任，往往是事故发生后家长和幼儿园争执的重点。因此，幼儿园教师有必要了解学生伤害事故的定义、归责原则、责任主体，以及需承担的法律责任，维护法律公正，并学会用相应的法律武器保护自身权益。

《学生伤害事故处理办法》第二条对学生伤害事故的范围做了规定，即“在学校实施的教育教学活动或者学校组织的校外活动中，以及在学校负有管理责任的校舍、场地、其他教育教学设施、生活设施内发生的，造成在校学生人身损害后果的事故”。

首先，幼儿园教师要明确学生伤害事故的归责原则。对于学生伤害事故，一般采用过错推定责任原则。我国《民法典》第一千一百九十九条规定了教育机构的过错推定责任：“无民事行为能力人在幼儿园、学校或者其他教育机构学习、生活期间受到人身损害的，幼儿园、学校或者其他教育机构应当承担侵权责任；但是，能够证明尽到教育、管理职责的，不承担侵权责任。”

其次，幼儿园教师要了解不同学生伤害事故中的责任主体。幼儿伤害事故的责任主体一般包括学校、学校教师和其他工作人员、学生及其监护人、校外第三人、教育行政部门等，根据不同情况，各方承担的责任不同。《学生伤害事故处理办法》第八条至第十四条分别就不同情况明确了责任主体。

最后，幼儿园教师要明确学生伤害事故的责任者需承担的法律责任。法律责任指行为人由于违法行为而应承受的某种不利的法律后果。从《民法典》《学生伤害事故处理办法》等法律法规可以看出，事故责任人涉及的法律责任有三种——民事责任、行政责任、刑事责任，三者有可能单独适用，也可能合并适用。一般情况下，幼儿园承担较多的是民事责任，主要进行损失赔偿。人身伤害赔偿的范围主要包括医疗费、护理费、营养费、交通费、残疾辅助器具费等。

一般来说，对于幼儿园发生的幼儿伤害事故，应当根据幼儿为无民事行为能力人的特点，参照《学生伤害事故处理办法》处理。该办法详细介绍了责任主体为学校、学生及未成年人监护人的情况，以及学校不需承担责任的情况等。

《民法典》《未成年人保护法》《教育法》《中小学幼儿园安全管理办法》等法律法规也明确了学生发生事故时的责任主体及需承担的相应法律责任。

案例回放

幼儿园未尽到职责　承担法律责任

幼儿胡某与幼儿韦某系某县某乡中心学校所属幼儿园在校学生。2020 年 10 月 23 日上午 11：30，庞老师带领孩子上厕所回来，洗手准备吃饭，胡某与韦某直接奔到滑梯上玩耍，在玩耍中胡某受伤。午饭后于下午 2：30 左右，胡某出现呕吐现象，被急送到徐州市儿童医院住院治疗，经诊断为急性中性颅脑损伤、颅内出血、枕骨骨折。胡某的父母将韦某和某县某乡中心学校告上法庭。

法院认为，根据相关法律法规的规定，学校与未成年学生之间存在法定的教育关系，基于这种教育关系而产生特定的教育、管理和保护义务，本案为教育机构责任纠纷。胡某系某县某乡中心学校所属幼儿园在校学生，事发时系无民事行为能力人。无民事行为能力人在幼儿园、学校或者其他教育机构学习、生活期间受到人身损害的，幼儿园、学校或者其他教育机构应当承担侵权责任。某县某乡中心学校未提供证据证明尽到教育、管理职责，应承担责任。

故法院判决，某县某乡中心学校承担原告胡某因本次事故造成的合理损失为医疗费、护理费、住院伙食补助费、营养费、救护费等，合计 18159.65 元。

——改编自中国裁判文书网“(2021)皖 1322 民初 4335 号”判决。

案例分析

《民法典》第一千一百六十五条规定：“行为人因过错侵害他人民事权益造成损害的，应当承担侵权责任。依照法律规定推定行为人有过错，其不能证明自己没有过错的，应当承担侵权责任。”第一千一百九十九条规定：“无民事行为能力人在幼儿园、学校或者其他教育机构学习、生活期间受到人身损害的，幼儿园、学校或者其他教育机构应当承担侵权责任；但是，能够证明尽到教育、管理职责的，不承担侵权责任。”第一千一百七十九条规定：“侵害他人造成人身损害的，应当赔偿医疗费、护理费、交通费、营养费、住院伙食补助费等为治疗和康复支出的合理费用，以及因误工减少的收入。造成残疾的，还应当赔偿辅助器具费和残疾赔偿金；造成死亡的，还应当赔偿丧葬费和死亡赔偿金。”本案例中该中心学校未尽到教育和管理职责，故应承担侵权责任。除此之外，《学生伤害事故处理办法》第九条明确规定，因下列情形之一造成的学生伤害事故的，学校应当依法承担相应的责任：

（一）学校的校舍、场地、其他公共设施，以及学校提供给学生使用的学具、教育教学和生活设施、设备不符合国家规定的标准，或者有明显不安全因素的；

（二）学校的安全保卫、消防、设施设备管理等安全管理制度有明显疏漏，或者管理混乱，存在重大安全隐患，而未及时采取措施的；

（三）学校向学生提供的药品、食品、饮用水等不符合国家或者行业的有关标准、要求的；

（四）学校组织学生参加教育教学活动或者校外活动，未对学生进行相应的安全教育，并未在可预见的范围内采取必要的安全措施的；

（五）学校知道教师或者其他工作人员患有不适宜担任教育教学工作的疾病，但未采取必要措施的；

（六）学校违反有关规定，组织或者安排未成年学生从事不宜未成年人参加的劳动、体育运动或者其他活动的；

（七）学生有特异体质或者特定疾病，不宜参加某种教育教学活动，学校知道或者应当知道，但未予以必要的注意的；

（八）学生在校期间突发疾病或者受到伤害，学校发现，但未根据实际情况及时采取相应措施，导致不良后果加重的；

（九）学校教师或者其他工作人员体罚或者变相体罚学生，或者在履行职责过程中违反工作要求、操作规程、职业道德或者其他有关规定的；

（十）学校教师或者其他工作人员在负有组织、管理未成年学生的职责期间，发现学生行为具有危险性，但未进行必要的管理、告诫或者制止的；

（十一）对未成年学生擅自离校等与学生人身安全直接相关的信息，学校发现或者知道，但未及时告知未成年学生的监护人，导致未成年学生因脱离监护人的保护而发生伤害的；

（十二）学校有未依法履行职责的其他情形的。

幼儿园是否要承担法律责任，关键看幼儿园是否存在过错。如果幼儿园对幼儿受伤存在教育、管理或保护方面的过错，且过错与幼儿遭受损害之间存在因果关系，那么幼儿园就应在过错范围内承担责任。反之，若幼儿园已经尽到了对幼儿的教育、管理、保护的职责，则可以免责。

17. 了解救济途径，清楚申诉制度

条文解读

幼儿园中的幼儿伤害事故不可避免。在发生伤害事故后，幼儿园多是与家长协商解决，或是自愿请求主管的教育行政部门进行协调解决，但也有一些家长选择向政府相关部门申诉，或者向法院提起诉讼。倘若当事双方认为合法权益受到损害，或某一方对协调结果存在异议时，可寻求法律救济，维护自身的合法权益。运用适当的法律救济机制不仅可以保证受害人的合法权益，也能促进幼儿园的管理合法化。

所谓法律救济，是对法定权利受到侵害，或可能受到侵害的情况下，依照法律规则所规定的方法、程序和制度进行的救济，以及通过国家司法机关判令侵权人承担民事责任或追究其刑事责任的方式对权利人给予的救济。当幼儿园或受害人的合法权益受到侵害时，应有法律救济途径。一般来说，学生伤害事故的法律救济途径有三个：诉讼救济、行政救济、调解救济。诉讼救济是向国家法律机关请求保护和救济自身权益的方式，只要符合民事诉讼、刑事诉讼、行政诉讼范围的事故均可以申请；行政救济是依法审查国家行政机关的行政行为是否合法，对违法或不正当的行政行为予以撤销或更改的救济方式，包括行政申诉、行政复议、行政赔偿等；调解救济包括司法调解、行政调解、人民调解等方式。

《学生伤害事故处理办法》第二十三条规定：“对发生学生伤害事故负有责任的组织或者个人，应当按照法律法规的有关规定，承担相应的损害赔偿责任。”如果幼儿园及相关当事人有过错，则需要承担相应的责任与赔偿。《学生伤害事故处理办法》第二十三条至第三十一条具体介绍了各种事故情况下的责任承担主体及责任划分。

对于幼儿园及相关人员来说，在遇到学生伤害事故时，首先要运用事故处理程序进行正当处理，可参照《学生伤害事故处理办法》第十五条至第二十二条的办法。在处理的过程中，幼儿园及相关人员要能运用法律救济途径依法维护自身合法权益。若对法院一审判决有异议，可上诉；若对已生效的判决有异议，可申诉。所谓申诉，是指对已生效的判决或裁定不服时，依法向法院或检察机关提出重新处理的要求。申诉应在申诉有效期内提出。

案例回放

案例一　人民调解　化解纠纷

2009年4月28日，4岁的胡某和同伴们在幼儿园玩滑梯时，右眼眉骨的上方被磕出了一个口子。幼儿园老师立即将胡某送往附近的医院缝合，并做了消炎处理。由于伤势不重，医生没有要求住院治疗。听说女儿受伤了，胡某父亲立即赶到幼儿园。幼儿园园长向胡某父亲详细说明了事情的全过程，并表示愿意承担其受伤的全部责任。胡某父亲没有异议，将女儿接回家。但是当天下午，胡某的父母直接向幼儿园索赔3万元，幼儿园没有同意。5月15日上午，胡某父母带着6个亲友到幼儿园堵门砸窗。情急之下，园长给幼儿园所在街道司法所打电话，寻求人民调解来解决纠纷，维护幼儿园正常教学秩序。

街道司法所许所长及时赶到现场，制止事态发展。许所长关切地询问了胡某的伤口愈合及医疗费用等情况，胡某父母对幼儿园叙述的事情经过没有异议，但仍坚持至少赔偿2万元。许所长调查了解胡某的受伤及治疗情况之后，严肃告诉胡某父母，出现纠纷，双方无法自行和解，就应该通过合法途径，或向街道（乡镇）司法所以及社区（村）人民调解委员会申请人民调解，或通过法院提起诉讼的方式解决。争吵打闹行为不仅于事无补，反而会使自己从有理者变为无理者，如果情节严重，公安机关还会依法追究法律责任。许所长的劝诫说服了前来闹事的亲友从幼儿园现场离开。

随后，许所长召集双方并告知，有关法律规定人民调解不收取当事人费用，按照依法、平等、协商的原则调解纠纷。许所长告诉双方，根据我国《未成年人保护法》等法律、法规的规定，幼儿园理应承担对胡某监护不周致使人身受损的责任，但幼儿园赔偿的范围除治疗费、误工费等费用之外，其他后续治疗和美容修复所需的费用，需要根据司法鉴定的结论进行计算。

7月25日，法医鉴定结果出来：胡某的伤不构成伤残，额上伤口不会落下疤痕。最终，在许所长的倾力调解下，胡某父母作为监护人与幼儿园达成调解协议：由幼儿园一次性赔偿胡某人身损害赔偿金5000元，双方不再就此事向对方提出任何其他要求。事后，胡某父母主动提出让女儿胡某继续在该幼儿园就读。

——改编自周敏芳. 幼儿受伤起风波　耐心调解化干戈[J]. 人民调解，2010(3).

案例二　证据不充分　上诉被驳回

6 岁的童童是某双语幼儿园的大班学生。2013 年 3 月 20 日，童童在该园学习期间摔伤，被送往医院住院治疗。经医生诊断，童童左眉弓皮肤挫裂伤，诊断及医疗费用为 1870.95 元，该费用由双语幼儿园支付。2013 年 3 月 27 日，按照医嘱，童童母亲张某带其到上海交通大学医学院附属第九人民医院进行进一步治疗，共支出医疗费用 1218.5 元，交通费 604 元。2013 年 9 月 6 日，司法鉴定所对童童的后续治疗费和护理、营养期限出具鉴定意见评定：童童后期行疤痕修整术约需 4000 元(或待实际费用发生后据实计算)，童童本次外伤后营养期限 30 日、护理期限 30 日(以上两项包括住院期间的营养期、护理期)。童童之母张某为此支付鉴定费 1000 元。某双语幼儿园认为后期治疗费、营养费、鉴定费等费用不合理，双方无法自行和解，童童母亲张某提起诉讼。

一审法院认为：童童系无民事行为能力人，在某双语幼儿园学习期间遭受人身损害，因双语幼儿园未能提供证据证明其尽到管理、教育、保护职责，故应对童童的人身损害承担赔偿责任，即幼儿园应当一次性赔偿童童的医疗费、护理费、营养费、交通费、后续治疗费、鉴定费等，合计 10348.7 元。宣判后，双语幼儿园不服，以一审判决认定童童的护理期限及营养期限过长，童童的后续治疗费过高；童童投保有校园伤害险，一审判决漏列保险公司为本案当事人显系不当为由，向法院提起上诉。请求二审法院撤销原判，予以改判或发回重审。

二审法院认为：当事人对自己提出的诉讼请求所依据的事实或者反驳对方诉讼请求所依据的事实有责任提供证据加以证明。没有证据或者证据不足以证明其事实主张的，由负有举证责任的当事人承担不利后果。双语幼儿园虽称一审判决认定童童的护理期限、营养期限及后续治疗费不当，但其既未在一审中提出重新进行司法鉴定的书面申请，亦未举出其他充分证据予以证明，故本院对该项上诉理由不予支持。同时，本案系教育机构责任纠纷，童童是否投保了校园伤害险与本案不属于同一法律关系，故双语幼儿园称童童投保了校园伤害险，一审判决漏列保险公司为本案当事人显系不当的上诉理由不能成立，本院不予采信。综上，原审判决并无不当，本院应予维持。判决如下：驳回上诉，维持原判。

——改编自：孩子在幼儿园摔伤　谁来负责[J]. 动漫界·幼教 365(管理)，2018(12).

案例分析

案例一是一起幼儿在园期间出现的伤害事故，幼儿园与家长对责任范围和赔偿金额有异议而产生纠纷。案例中，幼儿园园长懂得运用人民调解的法律救济途径合法维护幼儿园利益，将可能激化的纠纷调解化除。人民调解相较于法院诉讼的优势是快速便捷，地方司法局的司法所熟悉幼儿园所处环境，配合公安派出所可以迅速平息事态，避免矛盾激化，防止幼儿园的教学秩序遭到干扰破坏。人民调解遵循平等自愿原则，双方如果达不成调解协议，可以继续寻求其他法律救济途径来解决。

案例二是一起常见的发生在幼儿园的伤害事故。受伤幼儿童童的家长认为幼儿园管理不善，导致事故发生，遂将幼儿园告上法庭。一审宣判后，幼儿园对人民法院做出的一审判决不服，提起上诉。但是由于幼儿园缺少充分的证据，二审法院驳回上诉，维持原判。

幼儿园应当学会依法维权，在合法权益受到损害时寻求适宜的法律救济。一般来说，对于发生在幼儿园的伤害事故，如果是依法确认幼儿园有过错而造成伤害并需承担责任的，幼儿园要正确对待判决结果，遵守法律判决，不可逃避责任，同时要对幼儿园的管理制度进一步完善，以绝后患。如果是幼儿园无过错而无须承担责任，或者是虽然有过错但“受伤害学生的监护人、亲属或者其他有关人员，在事故处理过程中无理取闹，扰乱学校正常教育教学秩序，或者侵犯学校、学校教师或者其他工作人员的合法权益的，学校应当报告公安机关依法处理；造成损失的，可以依法要求赔偿”(《学生伤害事故处理办法》第三十六条)，或者向人民法院提起诉讼。如果幼儿园对于人民法院做出的一审判决不服，有权在判决书送达之日起 15 天内提出上诉，对于判决已生效的可以在六个月内提出申诉。同时，幼儿园也要有证据意识，最直接的证据应该是监控录像，应当做好证据留存。如果有孩子发生打闹或者有孩子受伤，应当把当天完整的监控录像保存下来，这样既可以让家长知道真相，减少误会，同时也是对幼儿园自身的一种保护。

三、职业道德与个人修养

18. 贯彻教育方针，自觉爱国守法

条文解读

遵纪守法是社会向人们提出的基本要求，作为幼儿园教师，其职业道德之一便是遵守教育法律法规，贯彻党和国家的教育方针政策。《新时代幼儿园教师职业行为十项准则》第二项要求幼儿园教师"自觉爱国守法。忠于祖国，忠于人民，恪守宪法原则，遵守法律法规，依法履行教师职责；不得损害国家利益、社会公共利益，或违背社会公序良俗"。

首先，教师要了解教育法律法规的具体规定，了解国家教育方针政策。教育法律法规是用来规范教育行为的，为教师开展工作提供了法律依据，使得教育工作更加法制化、规范化。幼儿园教师需要了解我国已经颁布的教育法律和行政法规，特别需要熟知与学前教育相关的法律法规以及政策，深刻理解我国学前教育的方针、政策、精神以及阶段性的学前教育事业发展目标等。其次，教师应该依法执教，贯彻执行党和国家教育方针政策。幼儿园教师在工作中要注意培养自己的法纪风貌，用法律法规约束自己的教育行为，用教育政策方针指导实践工作，并把依法执教作为教育活动和日常生活中的一项基本行为规范，严格要求自己。幼儿园教师还应在实践中勤于反思，对照法律法规的具体规定反思自己的教育实践活动，时时检视并不断完善自己的专业理念和师德，才有可能在保教工作中全面贯彻落实党和国家的教育政策和法律法规。最后，幼儿园教师遵守教育法律法规还表现在不做违反法律法规的事情。幼儿园教师有保护幼儿身心健康不受伤害的义务，我国《教育法》《教师法》《未成年人保护法》等法律法规都对教师违法行为所要承担的法律责任做出了明确规定。教师一旦违反相关规定，将会受到相应的法律制裁。

案例回放

幼儿园女老师打孩子 称心情不好

两岁半的孩子刚送到幼儿园第一天，左脸颊上就出现了一个巴掌印。昨日，雷先生带着孩子前往六盘水市某幼儿园讨说法。

雷先生是从重庆到六盘水来做小生意的个体户。家里两岁半的儿子小杰和侄女晓彤都由岳母伍女士照管。晓彤比小杰大 51 天，已经上幼儿园。

10 月 10 日上午，晓彤要去上学了，小杰也嚷着“要去读书”。外婆拧不过孩子，便将两个孩子都送到黄土坡大菜场的某幼儿园。晓彤在这里已上了 3 个多月。

下午 5 点，伍女士到幼儿园接到了两个孩子。走出大门不久，晓彤说：“婆婆，老师打弟弟。”伍女士这才发现小杰左颊有些红肿。

晚上 8 点多，雷先生与妻子从贵阳回家后，发现了小杰脸上的印记。夫妇俩气愤之下，当即找到幼儿园讨说法。一个年轻女老师承认：“下午 3 点多，孩子趴在大门上，我心情不好就拍了他一巴掌。”

11 日上午，幼儿园园长陪同雷先生夫妇带着孩子去医院检查。医生说孩子的脸颊红肿，耳膜充血。

之后，雷先生一家要求幼儿园包车送孩子到重庆的专业儿童医院进一步检查治疗，幼儿园不同意，双方不欢而散。

昨日下午，幼儿园园长在电话里向记者解释：打人的老师刘某某是刚毕业的实习老师，当日也非故意要打孩子；而且孩子没有交学费，不算是正式招收的学员；家长要求包车去重庆医治，这让园方很为难。雷先生夫妇说，他们担心孩子受到的这次伤害会产生后遗症。

——改编自邓倩. 幼儿园女老师扇两岁半幼儿耳光　称心情不好[EB/OL]. (2011-10-12)[2021-05-12]. https://www.chinanews.com/edu/2011/10-12/3382973.shtml.

案例分析

案例呈现的是幼儿园教师体罚幼儿，伤害幼儿身心健康，违反相关法律法规的情形。近年来，有关部门虽三令五申严禁体罚幼儿，但幼儿遭受体罚的情形屡禁不绝，对此，法律对这类行为进行了一定的约束。贯彻教育方针，遵守法律法规，在具体的教育过程中应当引起幼儿园的重视。

2012 年教育部颁布的《幼儿园教师专业标准（试行）》的基本理念之一就是

"幼儿为本""师德为先"，教师应充分尊重幼儿权益，履行教师职业道德规范，在实践中"贯彻党和国家教育方针政策，遵守教育法律法规"。同时，不论是《未成年人保护法》《教师法》还是《幼儿园管理条例》，对于教师伤害幼儿身心健康的行为都有明确的法律责任界定。例如，《幼儿园管理条例》第二十八条规定，"体罚或变相体罚幼儿的"，"由教育行政部门对直接责任人员给予警告、罚款的行政处罚，或者由教育行政部门建议有关部门对责任人员给予行政处分……情节严重，构成犯罪的，由司法机关依法追究刑事责任"。

无论出于什么目的、在何种情境下，对幼儿施以身体和心理上的伤害，都会对他们的发展造成不良影响。案例中的实习老师刘某某因心情不好，打伤幼儿，导致幼儿耳膜充血，对幼儿的身体和心理都造成了重大的伤害，违反了《新时代幼儿园教师职业行为十项准则》，应当予以解聘，并不再允许从事幼儿教育事业。幼儿园也应承担相应的赔偿责任。可见，幼儿园教师在具备专业知识和技能的同时，还应该掌握相关法律法规，约束自己的行为，指导实际教育工作的开展。

19. 关心爱护幼儿，承担相应责任

条文解读

教育对象的身心发展特点及幼教工作的独特性决定了幼儿园教师在工作中应关爱幼儿，富有爱心、责任心、耐心和细心。

关爱幼儿是幼儿园教师必须遵守的职业道德底线，是幼儿园教师区别于其他职业的本质特征之一。这是因为教师所面对的群体是自理能力与自卫能力相对柔弱的幼儿，教师必须承担起"养护者""照料者"的角色，既要帮助幼儿消除安全隐患，保护幼儿生命安全，照顾其生活，帮助其养成良好生活习惯，又要关注其心理感受，关注其情绪情感状态是否正常、人格个性品质形成是否完善、社会性行为是否合乎社会要求等。关爱幼儿是幼儿园教师教育工作的基础，是幼儿园保教结合的底色。

富有爱心、责任心、耐心和细心是教师关爱幼儿的前提。爱心是幼儿园教师对幼儿实施教育的基础和前提，耐心和细心是中心环节，关系到教育过程的成败和教育效果的优劣。责任心是幼儿园教师职业特质之一。一方面，幼儿园教师作为专业人员，是代表社会对幼儿实施符合既定社会目标的教育，代表社会来履行教育职责；另一方面，由于幼儿园教师的服务对象是处于成长中的幼儿，他们对幼儿的身心健康发展负有极大的责任。幼儿园教师应该在认同自身

专业的社会价值基础上产生内在的情感和责任心，激发对自己从事的工作负责的意识。

《幼儿园教师专业标准（试行）》明确规定幼儿园教师必须“关爱幼儿”，“尊重幼儿人格”，“富有爱心、责任心、耐心和细心”，其中“富有爱心、责任心、耐心和细心”是教师个人修养与行为的体现。

《中小学和幼儿园教师资格考试标准（试行）》提到幼儿园教师需要具备的职业理念之一是“关爱幼儿，尊重每个幼儿的人格尊严与基本权利”。《新时代幼儿园教师职业行为十项准则》第六项规定教师应当“关心爱护幼儿。呵护幼儿健康，保障快乐成长”。

案例回放

关注幼儿心理健康，及时进行家庭教育指导

我班的KK小朋友喜欢哭，一点儿小事都会触动这个小姑娘的泪腺。通过观察和分析，我觉得有必要和KK的家人取得联系，看是不是孩子的家庭出现了什么问题。果然，通过面对面交流，KK的妈妈坦言，她和KK的爸爸已经协议离婚，但离婚前后需要处理的事情很多，两人有时控制不住情绪，会当着孩子的面争执。他们以为KK还小，听不懂，没想到这样的情形直接影响了孩子的情绪和心理状况。孩子知道父母将要分开，她不能接受，但也改变不了什么，只能伤心地哭泣。老师们不由得对KK多了几分关注和爱护，希望陪着KK一起面对，通过积极引导，带她走出阴影，重新沐浴阳光。

此中的教师工作策略与指导如下。

一是提亮点，做示范。KK感情细腻，心灵手巧，手工活动做得非常棒，于是，我们抓住这一优点，鼓励她上台为其他小朋友做示范。久而久之，KK成了区角活动的活跃分子，折纸课上也不再偷偷抹眼泪。

二是找朋友，提帮带。KK生性胆小，一开始，我希望KK身边有个比较强悍、开朗一点的朋友陪着，但一段时间之后我发现，若KK经常被保护，将不利于其主动性的发展，于是，我引导她与不同性格特点的孩子交往和互动，这样，KK可以被保护，也可以主动地去保护别人。

此外，围绕KK和她妈妈的情况，我们从家园合作的角度出发，对KK妈妈提出了一些建议。

第一，及时调整心态，优化家庭教育环境。马斯洛说过，童年情感的正常发展如果遇到障碍，比如失去爱，失去安全感，长大后就很可能很难实现自我。因此，我和KK妈妈交流了我的想法：不管眼下的事情有多么糟糕，为了

KK 的心理健康，身为父母，必须尽快调整自己的情绪，用坚强和乐观的态度去面对生活，避免给孩子幼小的心灵增添压力。我还向她推荐了一些传达正能量的书籍。

第二，扩大生活范围，鼓励孩子与同龄人交往。班里的热心妈妈不少，在我的牵头下，KK 妈妈与家庭友好小组的一位妈妈成了好姐妹，平时，只要有什么集体活动或家庭聚会，她都会邀请 KK 和 KK 妈妈一起参加，以此帮助 KK 妈妈尽快摆脱负面情绪，KK 也由此成了家庭友好小组的热心参与者。摘草莓、采杨梅、观潮、去糖果乐园和水上世界，丰富的生活让 KK 交到了不少好朋友，个性也随之开朗起来。

第三，家教宽严适度，让异性亲属多参与对孩子的教育。KK 比较敏感、爱哭，我们通过说故事、讲道理等途径培养 KK 的抗挫折能力，教给 KK 一些人际交往的技巧，用鼓励性的语言来保护她脆弱而敏感的心。我了解到 KK 和舅舅的关系很好，所以建议 KK 妈妈让舅舅多跟 KK 接触，平时让舅舅多带 KK 出去玩，让 KK 在异性亲属身上获得缺失的那一份关爱。

第四，加强亲子沟通，增强交往意识。KK 有时候很沉默，内心压抑，因此，我建议 KK 妈妈抽出更多的时间陪伴孩子，关注 KK 的心理状态。可以利用每天睡前的时间，引导孩子说出自己内心的真实想法，成人也要试着对孩子袒露心声。渐渐地，KK 妈妈不再是我先前印象中那个敏感、内向的妈妈了；在妈妈的影响下，KK 也慢慢快乐起来。

——改编自欧惠莉．“孩子，咱不怕”：幼儿园如何对“单亲孩子”进行关注和家庭教育指导[J]．动漫界·幼教 365(管理)，2015(44)．

案例分析

案例呈现的是幼儿园老师在工作中充满责任心，积极关注心理上有变化的幼儿，给予爱心、耐心，通过家庭指导等教育策略，帮助 KK 重获笑容，使其各方面尤其是社会性发展和进步的过程。

幼儿园教师的关爱是有针对性地实施教育行为的前提，也是帮助幼儿获得成长发展的前提。教师既要关爱班里所有的幼儿，如案例中所呈现的，关爱课堂上偷偷抹眼泪的 KK 这种特别需要被关注的幼儿，又要考虑每个幼儿各个方面的发展。例如，本案例中老师发现若 KK 经常被保护，“将不利于其主动性的发展”之后，采取了恰当的教育措施，通过鼓励示范、朋友提帮带培养 KK 的主动性。

爱心、责任心、耐心和细心是幼儿园教师开展幼儿工作和教育实践的基础。案例中，欧老师正是富有对幼儿满满的爱心才能关注到脆弱、敏感的幼儿，富有耐心和信心才能发现其发展特点，认真制定适宜的教育方案，因而产生了较好的教育效果。而教师的爱心、耐心和细心正是责任心的体现，是对幼儿身心健康发展的责任意识、对职业本身的责任意识、对职业社会价值的责任意识的体现。

20. 热爱幼教事业，专业认同感强

条文解读

热爱学前教育事业是幼儿园教师职业的本质要求，而理解幼儿保教工作的意义是幼儿园教师爱岗敬业的前提条件。

幼儿园教师理解幼儿保教工作，首先体现在了解幼儿保教工作所要承担的社会责任，认可学前教育对于社会、家庭以及幼儿身心健康发展的重要价值。也就是说，教师要相信幼教工作是具有特殊社会价值的公共服务，相信幼教工作能够为家庭提供适宜的帮助、产生正向的教育效力，相信符合幼儿身心发展规律的幼教工作能够对幼儿身心健康发展发挥积极有效、举足轻重的作用。理解幼儿保教工作的意义，教师才能够充分获得职业成就感和幸福感，并进一步激发做好保教工作的热情和信心。

《幼儿园教师专业标准(试行)》明确规定，幼儿园教师应该“理解幼儿保教工作的意义，热爱学前教育事业，具有职业理想和敬业精神”。《中小学和幼儿园教师资格考试标准(试行)》把“理解幼儿教育在人一生发展中的重要性，能认识到幼儿教育必须以每一个幼儿的全面发展为本”和“理解教师职业的光荣与责任，具有从事幼儿教育工作的热情”等作为获取幼儿园教师资格证的基本条件。

专业认同感是指幼儿园教师对自己所从事的幼教事业有主观上的接纳，从而自觉地服务于幼教工作的一种精神状态。幼儿园教师应该认同幼儿园教师职业的专业性和独特性，并有意识地提高自己的专业素养，使自己成长为称职的专业人员。

幼儿园教师要认同职业的专业性和独特性。幼儿园教师应以专业人员的整体要求来提升自己的专业素养，用专业理念来武装自己，用专业道德约束工作实践，掌握幼儿园教师必备的专业知识和专业能力，逐步实现个体的专业发展和群体的专业化。幼儿园教师在专业认同的同时，要对职业的独特性、教育对象特有的发展特点有所了解，由此才能根据专业发展的特点和规律，确定符合职业与自身实际的专业发展规划，进一步强化专业认同意识。

幼儿园教师应该十分重视职业认同感的形成和自身的专业发展。《幼儿园

教师专业标准（试行）》把“认同幼儿园教师的专业性和独特性，注重自身专业发展”作为幼儿园教师必备的专业理念，同时把“制定专业发展规划，积极参加专业培训，不断提高自身专业素质”作为幼儿园教师必备的专业能力之一。

案例回放

案例一 幸福源于热爱——一位幼儿园教师的内心独白

20年前，怀着对幼教职业的崇拜和向往，我走进了幼教这个行业，在幼儿教师这个岗位上一干就是15年。凭着自身不懈的努力和追求，我于2008年开始担任园长工作。回首我的幼教生涯，无论是当老师还是当园长，幼教这份职业都带给了我很多快乐，让我为自己从事太阳底下最光辉的职业而感到无比幸福！

在教师岗位工作的15年时间里，我也曾有过许多困惑，但我热爱幼教工作，所以我总能用乐观积极的态度去解决。记得刚走上工作岗位的那段时间，我理想地认为只要凭着自己的真诚、热情和踏实就一定能干好工作，但聪明可爱的孩子们可不买我的账。在我组织活动的时候，他们总是想干什么就干什么，想到哪里去就到哪里去，整个课堂简直就是一盘散沙。我努力地克制住自己很生气的情绪，给孩子们讲道理，请他们不要随意走动，可根本没人理睬我，他们依旧做着自己想做的事。当时我很泄气、很迷茫，也很困惑，但我很快就让自己冷静下来：我必须想办法提高我的课堂驾驭能力。于是我向幼儿园的老教师们请教，请他们帮我找出教育中存在的问题和解决问题的办法。在老教师们的帮助下，我不断调整自己的教育方法，很快我就能管好孩子了，还成了孩子们的知心朋友，他们都亲热地叫我张妈妈。

2008年开始，我走上了园长岗位。我深知作为管理者，要让自己拥有职业幸福感，就必须让教职工拥有职业幸福感。我所在的幼儿园是一所具有深厚文化底蕴的大学附属幼儿园，教师们热爱幼教事业，专业素质高，教学能力强，是一个战斗力强的团队。在管好幼儿园这个大家庭的同时，我不断充实自我，通过参加培训学习、阅读管理书籍来加强自己的管理素养，不断反思自己的管理方法，并逐步优化自己的管理行为；同时还通过学历进修、职称评定等进行继续教育学习。如今，我已从没有多少管理经验的园长成长为一名比较成熟的园长。每当看到孩子们带着阳光般的笑脸走进幼儿园，每当听到家长真诚的称赞和看到老师朝气蓬勃地工作的时候，我就会有一种强烈的职业幸福感，我就为自己从事的职业而自豪！

最后，我要说：教师要想成为一个有职业幸福感的人，内心就要有一份对工作的热爱和对他人的关爱。只有这样，教师才能自然地散发出人性的光辉，才能得到孩子、家长、其他教师对你的认可，才能让自己真正收获职业的幸福！

——改编自张小容．幸福源于热爱，源于互爱[J]．今日教育(幼教金刊)，2012(12)．

案例二　优秀幼儿教师更具职业热情

有研究对江苏省6个市区213名优秀幼儿教师进行了关于优秀教师群体特征的调查。调查对象包括特级教师、省级优秀教师、市(县)级优秀教师、学科带头人、教坛新秀、教学能手等。研究发现，优秀幼儿教师具备较高的职业认同度、丰富的专业知识和能力、高尚的职业道德、积极的个性特征和良好的行为习惯。值得注意的是，在这些因素中，职业认同是优秀幼儿教师特质中特征值最大的一项。职业认同是指“从事幼儿教师的工作能够实现自己的人生价值、热爱幼儿教育工作、渴望成为优秀教师、追求高质量的教学、和孩子在一起感觉很开心”。这表明具有高度的职业认同感是优秀幼儿教师最重要的特征之一，要成为优秀幼儿教师，首先要发自内心地接纳、喜爱这一职业。

——改编自牛翠平．优秀幼儿教师群体特征的调查研究：以江苏省为例[J]．教育导刊，2013(4)．

案例分析

案例一中呈现了一位幼儿园教师对学前教育工作的总结和认识，并表达了自身对幼儿教育事业的热爱之情。

该案例中的教师从事幼儿教育事业20载，始终对幼教工作充满了热爱。与孩子、家长、幼儿园教师们在一起，该教师感受到的是快乐和幸福。职业热情造就了优秀的幼儿园教师。该教师热爱学前教育事业，这成为她不断地研究幼儿、研究幼儿教育的本能动力。

该教师不仅热爱学前教育事业，还能够在工作中不断总结幼儿教育的经验，形成自己独到的见解。在工作中她不断调整自己的教育方法，遵循幼儿的身心发展特点和学前教育规律。此外，她不断充实自我，提高了自己的管理素养。

可见，热爱学前教育事业是幼儿园教师提升专业知识和专业能力的动力，能够激励幼儿园教师追求更丰富的幼儿发展知识和教育知识；能够促使幼儿园教师不断提升专业技能和研究反思能力；此外，热爱学前教育事业也是教师积极主动进行教育改革、职业规划的基本动力。

案例二中呈现的是对优秀幼儿教师群体特征的调查。调查结果表明，职业认同感是优秀幼儿教师共同具备的最重要的特征之一。这足以表明职业认同感对于幼儿园教师专业成长的重要意义。

那么幼儿园教师应该如何增强自身的职业认同感呢？首先，幼儿园教师应认同幼儿园教师职业的专业性，并以专业人员身份来要求自己的专业成长；其次，要确立职业理想，制定专业自主发展规划，有意识地提高自己的专业素养；最后，要认识到这是一个不断进取的过程，应具有更为自觉的专业认可和更为扎实的专业基础，怀有积极的、热情的心态为幼教事业的发展做贡献，不断实现自我突破。

21. 秉持公平公正，平等对待幼儿

条文解读

教师不仅应是传道、授业、解惑者，还应是公正无私、善良正直等美好品德的化身。幼儿在和教师的直接交往中，能深深体会到公正平等的重要，这会成为他们以后成长的心理基础。调查研究指出，平等对待幼儿也是家长对幼儿园教师心理品质的期待之一。

《幼儿园教师专业标准(试行)》在“专业理念与师德”部分强调“平等对待每一位幼儿”，而专业理念与师德是幼儿园发展的前提条件，是幼儿园教育规范化、高质量的根本保证。《新时代幼儿园教师职业行为十项准则》第八项明确指出幼儿园教师应“秉持公平诚信”。教师公正平等地对待幼儿，不仅有利于营造良好的班集体氛围、调动幼儿的积极主动性，还有利于培养幼儿良好的道德品质，使他们成长为具有责任担当、健全人格的人。

幼儿在与成人和同伴交往的过程中，不仅学习如何与人友好相处，也在学习如何看待自己、对待他人，不断发展适应社会生活的能力。《3～6岁儿童学习与发展指南》指出：“家庭、幼儿园和社会应共同努力，为幼儿创设温暖、关爱、平等的家庭和集体生活氛围，建立良好的亲子关系、师生关系和同伴关系，让幼儿在积极健康的人际关系中获得安全感和信任感，发展自信和自尊，在良好的社会环境及文化的熏陶中学会遵守规则，形成基本的认同感和归属感。”它同时要求教师“能以平等的态度对待幼儿，使幼儿切实感受到自己被尊重”。

案例回放

乖孩子也需要关注

一天傍晚离园时，曦曦妈妈找到我，说："老师，我家曦曦在园是不是不乖啊？她总跟我说老师喜欢班上一个叫乐乐的小朋友，不喜欢她。"我很诧异，曦曦在班上是个听话又懂事、很让老师放心的孩子，我们都很喜欢她，她怎么说老师不喜欢她呢？

事后我反思：乐乐是班上比较调皮、好动的小朋友。集体活动时，他有时大声学恐龙叫；午睡时，他躺在床上不是唱歌就是翻跟头；户外活动时，不是在操场上乱跑就是趴在地上玩……这些行为严重影响到了各项活动的顺利进行。针对这种情况，我与乐乐家长沟通多次，看着家长真诚与老师配合的态度和焦急的表情，我们觉得应该采取一些措施来引导和帮助乐乐。于是，我们开始在班级活动中"重点关注"乐乐：活动时，请他坐在前排正中间位置；午睡时，给他一个小贴画或自制小礼物作为奖励；户外活动时，牵着他的小手和他一起游戏。就这样，乐乐进步很快，逐渐能正常与小朋友一起参与活动了。然而，这样的做法却使乖巧的曦曦觉得老师们不喜欢她。

——改编自王海青．如何平等地关爱每个孩子？[J]．学前教育，2021(1)．

案例分析

在幼儿园里调皮、好动的幼儿因为现实原因备受老师关注，而那些从不让老师费心的孩子却被忽略了。长此以往，不仅可能给幼儿造成情感上的伤害，还可能影响幼儿自信心的建立。

案例中的曦曦是典型的乖孩子，老师们都很喜欢她，但在实际的幼儿园生活中却很容易被忽略，因此她会产生"老师不喜欢我"的感受。教师在敏感地捕捉到这样的信息后，应该摆正自己的教育态度，平等地对待每个幼儿。调皮的孩子需要关爱，乖巧的孩子同样也需要教师的关注与爱。

平等地爱幼儿不仅体现在教师尊重幼儿的人格，以平等的身份亲切、友好地对待幼儿，征求幼儿的意见，与幼儿平等相处，例如，说话时蹲下身来以平和的语气与幼儿沟通，也体现在教师平等地对待每个幼儿。每个幼儿都有自己的特点，都需要教师关心和爱护。

22. 坚守廉洁自律，彰显为人师表

条文解读

教师是“人类灵魂的工程师”，其一言一行都在影响着学生，决定着家长和社会对教育行业的看法，所以教师应注重廉洁自律。教育是一种培养人的活动，不能将教育的过程看作商品交换的过程，教师不能以从事经济活动的心态来从事教育教学活动，也不能要求学生对自己所做的分内工作从物质上给予回报，这是由教育事业的性质和教师职业的特点决定的。所谓廉洁，就是不收受不义之财，不贪占公物和他人之物，不受世俗丑行的污染，要洁身自爱，廉洁从教。《新时代幼儿园教师职业行为十项准则》第九项提出，幼儿园教师应该“坚守廉洁自律。严于律己，清廉从教；不得索要、收受幼儿家长财物或参加由家长付费的宴请、旅游、娱乐休闲等活动，不得推销幼儿读物、社会保险或利用家长资源谋取私利”。幼儿园教师应该树立理想信念，加强自身作风建设，提高廉洁自律意识，自觉抵制有损教师职业声誉的行为，做党和人民满意的好教师。

为人师表指的是教师在工作中品行端正，言行一致，无论是语言、行为还是思想，都能成为幼儿的好榜样。为人师表是教师必备的职业道德品质之一，也是教师职业道德的集中体现。

为人师表的职业道德要求对学前教育工作有特殊的重要意义。幼儿园教师作为幼儿在幼儿园的依恋对象，其自身的言行举止能对幼儿的发展产生潜移默化的影响。

《幼儿园教师专业标准(试行)》明确规定，幼儿园教师要“衣着整洁得体，语言规范健康，举止文明礼貌”。在专业要求上师德为先，做到“教书育人，自尊自律，做幼儿健康成长的启蒙者和引路人”。因此，幼儿园教师应该严格要求自己在幼儿面前的教师形象，语言规范健康，举止文明礼貌，为幼儿健康成长创造良好环境。

案例回放

送礼“潜规则”

栾女士在一家出版社工作，女儿圆圆在一家公立幼儿园上学。圆圆入园后没多久，一天回家告诉她，第二天是教师节，要给老师送蛋糕。栾女士又好气又好笑，小小年纪，怎么就知道请客送礼了？一问，原来是老师告诉的。考虑

到蛋糕不好拿，栾女士特意去买了三朵鲜花，让女儿送给班上的三位老师。

第二天去接女儿时，栾女士发现圆圆情绪很低落，追问才知道，其中有一个老师，不论圆圆怎么举着鲜花喊她的名字，老师都不正眼瞧圆圆，而别的小朋友送的蛋糕，这个老师都笑眯眯地收下了。栾女士尽管有些生气，但没有在女儿面前表现出来。

几天后，栾女士特意晚了点去接女儿，把价值几百元的幼儿图书亲手交到了老师手中。没想到图书的“疗效”没管几天，大约一个星期后的一天，圆圆回家嘟囔说，班上其他的小朋友都当过值日生了，但老师一直没有叫她当。值日生无非是在小朋友吃饭时帮老师发发勺子什么的，但当上值日生的小朋友都特别高兴，觉得很光荣。

栾女士意识到，自己的礼也许还没送够。第二天，栾女士一狠心，到商场买了三张面值500元的购物卡，分别送到圆圆班上的三个老师手里。礼一到，效果到。圆圆马上连着当了两天的值日生。看着女儿兴奋的样子，栾女士决定，礼还是得继续送下去。

——改编自李洁言. 公立幼儿园家长送礼成潜规则　怕老师缺耐心爱心[N]. 中国青年报，2010-08-18.

案例分析

案例中呈现的是幼儿家长不得不送礼给幼儿园教师，以保证自己的孩子在幼儿园的生活、教育尽可能被“公平”对待的现象。

《中小学教师职业道德规范》第五条明确规定教师应“作风正派，廉洁奉公”“不利用职务之便谋取私利”，这样的规定同样适用于幼儿园教师群体。显然，案例中幼儿园教师的行为是不正确的，是职业道德缺失的表现，于幼儿健康成长无益，同时也不利于正常的家园关系的建立。

幼儿由于身心发展不成熟，生活自理能力较弱、缺乏是非判断能力，需要成人特别照顾。有的家长因为“大环境”而屈从“潜规则”，为了孩子能得到教师较多的关照，对幼儿园教师尽可能讨好，导致教师和家长处于不对等的地位。

对幼儿园教师来说，自身的言行既是幼儿发展过程中的一面镜子，也将直接影响幼儿的健康成长。教师为人师表，作风正派，创设健康、文明的环境及建立良好家园关系是其职业的本质要求，也是对教师作为专业人员的基本道德要求。师德为先，在教书育人方面，师德比具备专业知识和能力更为重要。案例中的教师在收到礼和没收到礼、收到不满意的礼和收到满意的礼之后不同的行为表现被幼儿尽收眼底，长久下去将不利于幼儿心理的健康发展。因此，幼儿园教师应该自觉抵制这种违背师德的行为，否则将受到法律法规的制裁。

23. 善于自我调节，保持平和心态

条文解读

善于调节自己的情绪并时刻保持情绪的稳定状态，是幼儿园教师需要具备的专业修养。稳定的情绪不但可以帮助教师在教育中保持自信，还有利于幼儿安全感的建立，有利于幼儿健康人格的形成。同时，平和的心态、和蔼可亲的态度有助于教师更好地倾听幼儿的心声，更有效地与幼儿进行沟通。这也是幼儿园教师发展其专业能力的重要前提。

但是，幼儿园教师由于工作内容烦琐细碎，工作压力大，很容易产生情绪问题和职业倦怠感，进而影响教育质量和自身的专业发展。因此，幼儿园教师在工作中应自觉保持健康的心理状态。幼儿园教师要善于进行情绪调节，要以乐观的心态面对工作，随时调动自己的激情，以开朗、包容、乐观的心态面对工作中的困难，保持平和心态，用阳光、热情的情绪状态去影响和感染幼儿。

良好的心态和情绪调节能力是幼儿园教师个人修养的体现，《幼儿园教师专业标准(试行)》提到，幼儿园教师要"乐观向上、热情开朗，有亲和力"，"善于自我调节情绪，保持平和心态"。该标准还把"善于倾听，和蔼可亲，与幼儿进行有效沟通"作为幼儿园教师应具备的专业能力之一。

案例回放

案例一 谁都不许理他！

午饭后，阳阳把图书区的书撕坏了，李老师把阳阳拉到一边说："我说没说过书不能撕？"阳阳一噘嘴，扭头不理他。李老师缓和下来，耐心地和阳阳说："我和你说了多少遍了，书不可以撕。撕了，别的小朋友就不能看了！"阳阳突然哇的一声大哭起来，李老师说："我又没凶你，你哭什么呀？"阳阳又一屁股坐在地上哇哇大哭，李老师说："你站起来，哭解决不了问题。你起来告诉我你为什么哭！"阳阳继续哭，从坐着哭变成躺着哭。李老师大声说："我数三下，你给我起来！"谁知阳阳不仅不听，反而在地上打起滚来，很多小朋友都围过来，李老师对阳阳说："不起来，是吧？那你就别起来了，撕了书你还有理了，有本事你就一直在地上躺着！"接着，李老师转过去看着周围的小朋友说："看什么看，谁都不许理他，就让他在地上躺着！"

——改编自侯莉芳．幼儿行为"失范"情境中教师情绪调节策略的有效性研

究：以X幼儿园为例[J]. 教育观察，2020(8).

案例二 “咱们已经说好了”

开元(3岁半)带了一袋糖，交给老师保管，说好了每天上午和下午老师各给她两块。上午点时间，老师给了她两块，她吃完还要，老师不肯再给她，她就闹起来，大声喊着：“我要嘛！我要！”老师蹲下来，看着她的眼睛，平静地说：“开元，老师知道你还想要，但是咱们已经说好了，上午只有两块，你已经吃完了。如果你还要，只能等到下午了。”开元拽着老师的衣服说：“不嘛，不要下午，现在要。”说着就哭了起来。老师说：“开元，老师知道你很难过，如果你难过的话可以哭一会儿，但是老师也帮不了你，因为我们已经说好了上午只有两块，老师不能给你。”说着老师平静地坐在开元旁边，看着开元哭。开元哭了有2分钟，哭声开始由大到小，变得抽抽搭搭的。老师把开元揽到怀里，一边给开元擦鼻涕眼泪，一边说：“老师小时候有一位好朋友叫东东，每天我们一起上学去。他特别爱吃糖，见到叔叔阿姨就想要糖吃，如果妈妈不给他吃糖，他就大哭大闹。等到小学毕业，他因为吃糖太多，胖得连教室的门都进不来了。”开元听了破涕为笑，又在老师身边待了一会儿就自己玩去了。

——改编自刘冰. 幼儿行为“失范”情境下的教师应对策略研究[D]. 长春：东北师范大学，2006.

案例分析

幼儿园教师的负面情绪大多是幼儿的“失范”行为引起的，案例一就是一则幼儿教师由于幼儿无休止的哭闹而导致情绪调节失败的案例。起初幼儿撕书的行为引起了教师的不满，但教师对自己的情绪进行了控制，耐心地和幼儿讲道理，但是幼儿开始哭闹，教师采用多种方法都无济于事，幼儿哭闹的情况愈演愈烈，教师的负面情绪也随之爆发，还影响了与其他幼儿的正常互动。这其实反映出教师缺乏一定的指导经验，面对幼儿的哭闹行为束手无策，最后只能选择以负面情绪去“管”幼儿。教师应当正确地认识幼儿的“失范”行为，当“失范”行为发生并产生了不好的结果时，可以和幼儿一起寻找解决的办法，在这一过程中使幼儿意识到自己行为的错误，从而达到教育的目的。同时，幼儿的行为会受情绪的影响。案例一中李老师在阳阳哭的时候仍然采用强制说理的方法去解决问题，不仅起不到教育的作用，反而会让阳阳哭得越来越严重。

案例二是教师保持耐心、积极调控情绪，应对幼儿“失范”行为的成功案例。案例中，“上午和下午各吃两块糖”是教师和幼儿约定好的行为规范，但是幼儿不仅想破坏规则，在得不到满足的时候还大哭大闹。教师首先和幼儿讲约定的规则，当幼儿哭闹时，教师并没有失去耐心，指责幼儿，而是仍然保持平和的心态，去安抚幼儿的情绪，并一直陪伴着幼儿，待幼儿平静后再通过讲故事的形式提醒幼儿多吃糖的后果。这一系列过程都是符合幼儿情绪发展特点的，也体现了教师良好的情绪调控能力和丰富的教育经验。

长期处于负面情绪中的教师更容易产生职业倦怠，不仅影响幼儿教师在工作中的表现，还会影响幼儿情绪情感的发展。幼儿园教师在面对工作压力和幼儿“失范”行为时，首先要给自己积极的心理暗示，主动调控自己的情绪。负面情绪体验就像滚雪球一样，一旦通过行为和言语开始发泄，就会越滚越大，最终导致自己情绪爆发。因此教师要明确自己行为和言语的底线，多多积累应对策略，丰富自己的教育经验，在幼儿发生“失范”行为时，采取恰当的方式进行处理。其次，教师可以通过身体锻炼、聊天、唱歌等较为健康的方式疏解压力，当感觉自己的情绪快要爆发时，可以及时寻求支持，让其他老师来解决当时的幼儿“失范”行为，不要在情绪爆发的边缘之际来解决问题。

24. 注重终身学习，追求专业发展

条文解读

勤于学习、不断进取是幼儿园教师专业发展中最具活力的因素。幼儿园教师在其专业发展的道路上不仅需要具备勤于学习、不断进取的职业精神，还应具有终身学习与专业持续发展的意识和能力。

《幼儿园教师专业标准(试行)》指出幼儿园教师应“勤于学习，不断进取”，“学习先进学前教育理论，了解国内外学前教育改革与发展的经验和做法；优化知识结构，提高文化素养；具有终身学习与持续发展的意识和能力，做终身学习的典范”。《幼儿园园长专业标准》将“终身学习”作为办学理念之一，指出幼儿园园长应该“牢固树立终身学习的观念，将学习作为园长专业发展、改进工作的重要途径；优化专业知识结构，提高科学文化艺术素养；与时俱进，及时了解国内外学前教育改革与发展的趋势”。《教师教育课程标准(试行)》也十分强调教师终身学习意识的建立：“教师是终身学习者，在持续学习和不断完善自身素质的过程中实现专业发展……教师教育课程应引导未来教师树立正确的专业理想，掌握必备的知识与技能，养成独立思考和自主学习的习惯；引导教师加深专业理解，更新知识结构，形成终身学习和应对挑战的能力。”《中小学和幼儿园教师资格考试标准(试行)》把“了解幼儿园教师专业

发展的要求，具有终身学习与自主发展的意识”作为取得幼儿园教师资格的基本条件之一。

案例回放

终身学习、不断进取的幼儿园园长谢晖

谢晖作为一名挚爱幼教事业的幼儿园书记兼园长，用创新、热忱、执着、博爱引领着天津市河西区第二十二幼儿园的发展。让生活在这个幼儿园的每一位成员健康快乐地度过每一天，既是她的责任，也是她最开心的事。她把工作当作职业来坚守，把教育当作事业来奉献。她将终身学习的理念贯彻于实际行动之中，把幼儿园当作家业来置办。她始终把幼儿园的发展当作工作的重中之重，时刻不忘与幼儿一起成长，与教师一起成长，与幼儿园一起发展。

在大家的共同努力下，幼儿园进行了整体改造，改善了园内外设施条件。幼儿园教学规模从原来的 6 个班扩大到现在的 20 个班，幼儿由 200 余名迅速增加到 650 余名。幼儿园的每一次挑战、每一个变化、每一次发展，都留下了全体教职工共同奋斗的点点滴滴。她始终把人性化管理融入日常管理中，做到动之以情、晓之以理，以激励为原则，充分调动广大教职工的工作积极性、主动性和创造性。她总是设身处地地为教师着想，和教师将心比心、换位思考成了她治园的一大法宝。她营造了良好的工作氛围和工作条件，使教师在工作中体会到了成就感和幸福感。

她和教师们情同姊妹。教师生病了，她主动看望；老教师退休，她组织欢送仪式、送花送祝福；教师节、新年，她自己掏钱为教师购买礼物、贺卡，并亲自送到每一位教职工手中；幼儿园一位老师家中失火，她多次捐款捐物，并带领教职工与其一道重建幸福家园。装修之后的幼儿园虽干净整洁，但似乎少了一些童趣，于是她和党支部成员商量组织党员进行楼内装饰。党支部的号召得到了全体党员、入党申请人和骨干教师的积极响应。短短两周时间，幼儿园环境焕然一新，随处可见教师自制的艺术作品，既体现了幼儿园的品德育人办园特色，又符合幼儿的年龄特点，孩子们看到后都为此欢呼雀跃！她的奉献与打拼让更多的青年教师坚定了入党的信念，先后有 10 名教师递交了入党申请书，3 名教师光荣地加入了党组织。

精锐的教师队伍、先进的硬件设施、优质高效的教育教学质量，让幼儿园将“惠民工程”真正做到实实在在，赢得了社会的广泛赞誉。在扎实、行之有效的思想政治工作保障下，幼儿园获得了一个又一个荣誉：天津市文明单位、天

津市民主管理先进单位、河西区廉政建设示范单位、政风行风先进单位、现代化评估达标校、家长学校示范校、学习型组织示范校、市(区)综合治理先进单位、市级教育创优活动二等奖。幼儿园还涌现出一批优秀教师、师德标兵、人民满意教师、优秀教育工作者；幼儿园多次接待市、区领导慰问指导，多次向市、区姐妹园开放，谢晖本人也多次被授予区级优秀党员的光荣称号。

——改编自王晶. 热爱幼儿教育事业 坚持以人为本管理：记荣获“天津市教育系统优秀思想政治工作者”称号的天津市河西区第二十二幼儿园书记兼园长谢晖[J]. 环渤海经济瞭望，2012(12).

案例分析

案例中呈现的是一位优秀幼儿园园长的工作经历，体现了该园长努力提升自身专业素质、终身学习、不断追求的精神。

事物发展的根本动力源于事物的内部。幼儿园教师专业发展的主要动力源于教师追求专业成长和持续发展的意识。只有具备这种意识，幼儿园教师才会自觉采取相应的行动，实现超越自我、提升自我价值、获得专业满足感等职业目标。案例中的这位幼儿园园长十分重视自身教育教学能力、整体团队能力的提高，并把终身学习作为自己不断追求的目标。在这种信念的驱使下，该园长把教育当作终身事业，把幼儿园当作家业来置办。她始终把幼儿园的发展当作工作的重中之重，时刻不忘与幼儿一起成长，与教师一起成长，与幼儿园一起发展。可见，具备终身学习与持续发展的意识和能力是幼儿园教师不断进取和自身专业成长的不竭动力。

25. 坚持继承创新，弘扬传统文化

条文解读

中华优秀传统文化是中华民族之魂，是中华文明延绵不绝的源泉，是建设中国特色社会主义的沃土，也是人类文明思想的宝库。无论是建设中国特色社会主义，还是培育和践行社会主义核心价值观，我们都必须立足中华优秀传统文化。中华优秀传统文化对建设社会主义文化强国、延续中华文脉、全面提升人民群众文化素养、维护国家文化安全、增强国家文化软实力等具有重要意义。教育和传承要从小抓起。学前教育是我国教育体制的一个重要组成部分。要让孩子从小受到中华优秀传统文化的滋养，继承我们民族的优秀品格。《关

于实施中华优秀传统文化传承发展工程的意见》指出："以幼儿、小学、中学教材为重点，构建中华文化课程和教材体系。编写中华文化幼儿读物，开展'少年传承中华传统美德'系列教育活动，创作系列绘本、童谣、儿歌、动画等。"党的十九大报告指出："深入挖掘中华优秀传统文化蕴含的思想观念、人文精神、道德规范，结合时代要求继续创新，让中华文化展现出永久魅力和时代风采。"这些内容既阐明了中华优秀传统文化的实际价值，也指明了新时期学前教育工作中文化落实和发展的方向，更说明了优秀传统文化教育是学前教育不可缺少的一环。幼儿园教师作为幼儿学习优秀传统文化的引领者、示范者，应提升自身的文化素养，继承传统，推陈出新，积极弘扬传统文化。教育部《完善中华优秀传统文化教育指导纲要》在"全面提升中华优秀传统文化教育的师资队伍水平"这一条中指出："加强面向全体教师的中华优秀传统文化教育培训。"《关于加强和改进新时代师德师风建设的意见》也强调教师要"坚持继承创新。传承中华优秀师道传统"。《新时代幼儿园教师职业行为十项准则》第三项也对教师提出了要求，"传播优秀文化。带头践行社会主义核心价值观，弘扬真善美，传递正能量"。

案例回放

三字经+武术！幼儿园把优秀传统文化渗透到学前教育

2020年11月2日，由教育部教育发展研究中心、广东省教育厅、广州市教育局、广州市荔湾区人民政府主办，广州市荔湾区教育局承办的第三届全国新样态学校论坛暨荔湾教育高质量发展峰会围绕"传统文化与幼儿园课程构建"分论坛在荔湾区协和幼儿园召开，来自全国各地的幼教专家、同行受邀参加了本次论坛。同时，荔湾区第三届区域醒目教育课程幼儿园文创作品展也在协和幼儿园拉开了序幕。

"身如桅杆脚如船，伸缩如鞭势如澜"，随着三字经武术操轻快的节奏，现场身着蓝色武术服的孩子们开始表演。他们的动作形神俱备，一招一式都散发着蓬勃的生机。协和幼儿园的孩子展示了融入岭南元素和传统国学元素的原创幼儿武术操——"三字经武术操"。伴随着洪水警报声，孩子们又化身为勇敢无畏的小战士，在困难重重的"抗洪救灾"主题体育游戏"小小协和抗洪军"中了解红色文化。

据介绍，协和幼儿园在课程中不断注入传统文化思想动能，让传统文化在孩子心中慢慢生根发芽，在强身健体中铸造国魂，通过主题游戏增强孩子们的民族认同感，提高孩子们的爱国意识。

——改编自叶斯茗，彭华明. 三字经+武术！新样态幼儿园把优秀传统文化渗透到学前教育[N]. 南方都市报，2020-11-02.

案例分析

这是一则地方教育厅将中国优秀传统文化中的三字经和中国武术融入幼儿园课程的案例。案例中广东省教育厅高度重视优秀传统文化在学前教育中的渗透，与区人民政府联合举办第三届全国新样态学校论坛暨荔湾教育高质量发展峰会，与全国的幼教专家一同探讨和学习幼儿园传统文化课程的建构，也体现了当前“优秀传统文化进学校”的趋势，落实了教育部和国家对优秀传统文化继承与创新的要求。协和幼儿园的“三字经武术操”和“小小协和抗洪军”，不仅帮助幼儿了解了中国传统的国学元素和红色文化，培养了幼儿的爱国主义情感，同时也丰富了当前学前教育领域优秀传统文化的课程，落实了《新时代幼儿园教师职业行为十项准则》中提出的幼儿园教师应当“传播优秀文化”的要求。

四、专业知识与专业能力

26. 把握年龄特点，尊重个体差异

条文解读

个体差异性明显存在于幼儿之中。受遗传、生活水平和教育条件等的影响，幼儿存在发展差异，这种差异既可能表现在发展的速度、水平和优势领域方面，也反映在智力和各种非智力因素方面。幼儿园教师必须用发展的眼光看待差异，才能真正做到尊重每个幼儿的发展权。

在了解幼儿发展存在个体差异的基础上，教师应能够掌握因人施教的方法。每个幼儿都有自己的优势、特点和风格，教师要善于发现和识别他们的智力潜力和特点，主动了解和满足有益于幼儿身心发展的不同需求，从每个幼儿的实际发展水平出发，适时调整教育策略与方法，因材施教，长善救失，帮助他们实现富有个性的全面发展。

“因人施教”是幼儿园教育工作的原则之一。《幼儿园工作规程》第二十五条指出幼儿园教育工作要“注重个体差异，因人施教，引导幼儿个性健康发展”；《关于幼儿教育改革与发展的指导意见》与《国务院关于当前发展学前教育的若干意见》也都明确了幼儿园教育要“关注个体差异”；《幼儿园教育指导纲要（试行）》指出，幼儿园教育要“关注个别差异”，以“促进每个幼儿富有个性的发展”，要“尊重幼儿在发展水平、能力、经验、学习方式等方面的个体差异，因人施教，努力使每一个幼儿都能获得满足和成功”，在具体时间安排方面“应有相对的稳定性与灵活性，既有利于形成秩序，又能满足幼儿的合理需要，照顾到个体差异”。《中共中央 国务院关于学前教育深化改革规范发展的若干意见》再次强调，幼儿园要“尊重个体差异，鼓励支持幼儿通过亲近自然、直接感知、实际操作、亲身体验等方式学习探索，促进幼儿快乐健康成长”。

幼儿园教师了解幼儿发展的个体差异和因人施教的方法，也是专业要求之一。《幼儿园教师专业标准（试行）》提出教师要“信任幼儿，尊重个体差异，主动了解和满足有益于幼儿身心发展的不同需求”，还要“了解幼儿在发展水平、速度与优势领域等方面的个体差异，掌握对应的策略与方法”。

案例回放

案例一　小老师欣欣

李老师在教小班孩子画简笔画，画一只由几个大小不同的圆圈组成的小鸡。这看似简单，但是对小班幼儿还是有一定难度的。因此，李老师没有要求孩子进行添画，只要认真完成自己的小鸡作品就可以了。

就在大家安安静静地画画时，欣欣在下面轻声嘟囔："这太容易了，我都学会了，不想再画了。"李老师轻轻走过去，发现欣欣已经画完，而且画得很不错。

过了两天，李老师又组织幼儿画画，这次画的还是小鸡。但是李老师并没有亲自指导孩子们，而是专门请了一个小老师来负责美工区，这个小老师就是欣欣。李老师刚把任务交给她，欣欣就有了小老师的样子。她提高声音说："小朋友们，你们赶快把纸放好，我来教你们画小鸡。把笔帽放在手心里，别丢了。好了，我们开始画吧！先画一个圆圈，再画一个圆圈……"

其他孩子都很听话，认认真真地画着，欣欣这个小老师的作用发挥得很好。

案例二　孩子是脚，教育是鞋

年轻的马老师曾对我说："我们班那个叫小小的孩子太调皮了，永远都不听我的指挥。"我问她："这孩子平时看起来没那么调皮呀？"马老师开始滔滔不绝："他也不是不听话，但只听张老师（年纪稍长点）的话。同样是集体活动，跟着张老师，他不插嘴。要是我上课，他从课前一直说到课后。出去活动，我最害怕他到处跑，就算亲自抓着他，他还能挣脱我跑开好几次，但跟着张老师就好多了。"面对马老师的困惑，我请她静下心来观察张老师是怎么和孩子相处的。

教学活动时间，张老师拿出图片让孩子们观察图片上的内容。小小插嘴说："是三只蝴蝶的故事。"马老师说："你看你看，我最怕他这样，不该说的他也说，课还怎么接着上呀？"我示意马老师耐心观察。张老师显得一点儿也不着急，她假装惊讶地说："哇，我刚才听见有人说出了这个故事的名字呢，太厉害了，嘘……请那个厉害的小朋友守住秘密，等会儿和我一起来当小老师，听听别的小朋友能不能说出别的名字。"说完后，只见小小立即捂住嘴巴，得意地笑着。就这样，直到介绍故事名字的环节，小小才用好像憋了很久的声音大声地告诉了大家。

事后，我和马老师交流："同样的孩子、同样的情况你会怎么处理?"马老师说："我也许会停下课，和大家讨论上课不插嘴的事情，让大家都知道插嘴是不好的习惯，学会举手发言。"接着又补充道："好习惯对孩子一生发展很重要，平时我常这样耐心地给孩子们说道理，再表扬、肯定一下，他们进步可大啦。"细细揣摩马老师的想法，也不无道理，那么问题到底在哪里呢？每个孩子都是充满个性的个体，同一种方法真的适合每一个孩子吗？哪种方法更适合小小呢？我问马老师："你平时怎么买鞋?"马老师说："先看款式，再看价格，最后一定要上脚试一试，再决定买不买。"接着我们一起讨论：那孩子和我们的教育谁是鞋，谁是脚？的确，在实际工作中我们常花尽心思为孩子选择我们认为合适的鞋，但是到底适不适合孩子呢？最后做决定的那个"试一试"的过程，我们有吗？我们真的应该静下心来先了解不同脚的真实需求与感受，再选择合适的鞋。当然，鞋子纵然再好，脚也需要时不时出来透透气。偶尔赤足行走，才别有一番乐趣。

——改编自吉志远．孩子是脚，教育是鞋[J]．早期教育，2016(12)．

案例分析

案例一中欣欣在活动中表现出较高的绘画水平，李老师及时发现了欣欣的这一优势，并根据这一优势为欣欣提供展现的机会，有效增强了欣欣的自信心。

从案例一中可以看出，首先，幼儿园教师在日常工作中要善于观察幼儿，主动了解幼儿的个体差异。李老师细心地捕捉到欣欣不耐烦画小鸡的行为，并主动了解原因，观察到欣欣实际的绘画水平，掌握了她不同于其他幼儿的发展信息。教师只有熟悉每个儿童，把握儿童发展的阶段特点，才能制定出科学的教育方案。如果不了解儿童的实际情况，教师就不可能知道自己制订的计划是否有价值。可见，尊重幼儿个体差异，主动了解、把握幼儿个体独特、具体的发展状况，是因材施教的基础。

其次，教师要在充分了解幼儿的基础上，依据幼儿个体发展特点，使用适宜的教育策略和方法。李老师在掌握了欣欣这一发展优势的基础上，在随后的活动中改变了活动组织方式，为欣欣创造当小老师的机会，也就是为欣欣创造了发挥自己的优势、增强信心的机会，收效甚好。我们知道，因材施教是教育的一般原则，也是以幼儿为本的学前教育理念的重要体现。因为幼儿个体之间存在发展差异，而我们的教育是尊重幼儿发展水平、以幼儿为根本的教育，所以幼儿教育要尊重幼儿的个体差异，要充分考量其实际发展水平，开展具有针对性的、对个体最适宜的教育。

案例二中马老师没有关注到小小的真实需求与感受，以“一刀切”的方式对待所有幼儿，因此在小小的教育问题上遇到了挫折；而张老师在集体教学活动中关注到了不同幼儿的个体差异，遵循每个幼儿的身心发展规律，极大地调动了幼儿的积极性。张老师让小小“守住秘密”，很好地发挥了教育机智，既维持了课堂纪律，也照顾到了每个幼儿的发展。

孩子是脚，教育是鞋，生活则是路。这既是我们的教育理念，也是我们的教育行动。鞋不适合脚时，既不能削了脚，也不能拆了路，只能换鞋。因此只有充分了解脚的大小、形状，知道脚的需要和感受，挑选的鞋才能适合脚。教育要适于孩子，不是说适于普遍意义上的孩子群体，而是具体到每一个孩子的年龄特点，用心去感受每个孩子，尊重每个孩子的身心发展规律；同时，在孩子的先天发展条件下，给予孩子恰当的帮助，协助孩子获得良好的发展，为孩子一生的幸福奠定基础。

27. 关注特殊需要，给予特别关爱

条文解读

特殊儿童和处境不利儿童都属于弱势群体，他们处于双重弱势的境地：一方面，他们的身心发展还不成熟，自我保护意识和自我保护能力很差；另一方面，他们都不同程度地缺少在其社会文化背景中成长所需要的基础性条件：合适的语言能力、社会能力、自信、健康的身体、时间和学习的兴趣等。

“特殊儿童”的概念有广义和狭义之分。广义的是指身心发展与普通儿童有较大差异，在普通儿童范围之外的儿童，大致包括超常儿童、低常儿童、缺陷儿童和问题儿童四类。狭义的仅指身心发展上有各种缺陷的儿童。处境不利儿童既包括那些智力潜能正常，但家庭经济贫困，在社会和学校中的处境不太好，实际上被剥夺了基本学习权利与学习可能的儿童；也包括本身发展能力迟滞、学习成绩落后、行为不良等不能适应学校的儿童和从较低水平的学校转到较高水平的学校时不能很快适应新环境的儿童。

幼儿园教师需要了解有特殊需要的幼儿身心发展方面的知识，能够先于家长和医生发现班上幼儿在体能、情绪及心智、行为方面的潜在问题，这有助于尽早对幼儿的问题或者障碍进行干预、治疗。早在1959年，《儿童权利宣言》的原则五就指出：“儿童在身体、心智或社会方面有缺陷者，应按其各别情形，予以所需之特殊矫治、教育及照料。”随着《儿童权利宣言》精神的普及，进入正常的幼教机构接受教育作为特殊儿童的一种权利，逐渐被社会认可。这就需要

幼儿园教师在了解特殊儿童的身心发展知识的同时，掌握对待这一群体的相应教育策略和方法。

教育部颁布的《幼儿园教师专业标准（试行）》将“了解有特殊需要幼儿的身心发展特点及教育策略与方法”作为幼儿园教师的专业标准之一。《幼儿园工作规程》第二十三条也强调“幼儿园在开展体育活动时，应当对体弱或有残疾的幼儿予以特殊照顾”。《未成年人保护法》第二十九条从法律层面做出规定：“对家庭困难、身心有障碍的学生，应当提供关爱；对行为异常、学习有困难的学生，应当耐心帮助。”《教育法》第三十九条也明确规定：“国家、社会、学校及其他教育机构应当根据残疾人身心特性和需要实施教育，并为其提供帮助和便利。”

幼儿园是有特殊需要的儿童重要的教育机构之一，《幼儿园教育指导纲要（试行）》在第三部分“组织与实施”中提到“幼儿园的教育是为所有在园幼儿的健康成长服务的，要为每一个儿童，包括有特殊需要的儿童提供积极的支持和帮助”，要“关注幼儿的特殊需要，包括各种发展潜能和不同发展障碍，与家庭密切配合，共同促进幼儿健康成长”。

案例回放

融合教育背景下的幼儿园特殊教育

在幼儿教育中，实现融合教育，对于普通幼儿和特殊幼儿来说都有着一定的促进作用，有助于他们更健康、全面、快乐地成长，因此，需要研究制定相关的策略和方案来确保其落到实处。

1. 兼顾整体需要，合理安排作息时间

融合教育背景下，教师需要兼顾特殊幼儿和普通幼儿，因此，教师需要合理地安排作息时间，既让普通幼儿有正常的学习、生活空间和时间，又要让特殊幼儿拥有更多自由活动的时间，满足他们的特殊需求。

一次，我组织幼儿展开了一个主题为“我眼中的妈妈”的绘画活动，我将大部分时间交给幼儿，让幼儿自己来绘画和创作。这样一来，班里的特殊幼儿就有了更多自由活动的时间，这样特殊幼儿们既享受到了集体授课，也获得了更具有针对性的帮助，有助于他们绘画水平的提高。

2. 呵护中加强引导，提高幼儿自理能力

特殊幼儿由于各种障碍，自理能力会比较差，而学会自理又是帮助特殊幼儿更好成长、生活的基础和关键，因此，教师需要让特殊幼儿在充满爱的环境中逐渐提高自己的自理能力，进而更好地实现成长。

例如，我会有意识地给予班里的特殊幼儿多一点关注和呵护：在他们早上来到班里时会主动提醒他们怎么放书包，怎么放好自己的衣服；在每天离开幼儿园的时候会提醒他们怎么换上自己的衣服，当他们有困难自己不能完成时，耐心地教导他们要主动向老师或者其他小朋友求助。因此，班里特殊幼儿的自理能力都有了不同程度的提升。

3. 组织融合游戏，促进幼儿之间融合接纳

教师可以有计划地开展一些主题游戏，让普通幼儿和特殊幼儿一起参加、一起玩耍，不仅能够刺激特殊幼儿的多重感官，提高他们的多项能力，而且能够让普通幼儿学会关心他人，有助于幼儿们的协同成长。

例如，我在组织幼儿们开展一个“过家家”的区角游戏时，就有意将特殊幼儿和普通幼儿划分到一个小组。在此过程中，扮演大人的普通幼儿们自然会对扮演小孩的特殊幼儿多一点呵护和关心，特殊幼儿也更积极地融入游戏中来。幼儿之间接纳程度有所提高，普通幼儿学会了关心、呵护、帮助需要帮助的幼儿，特殊幼儿也感受到了参与游戏的快乐，两者实现了共同成长，达到了不错的游戏效果。

——改编自任晓华．2018年教师教育能力建设研究专题研讨会论文集[C]．北京：中国管理科学研究院教育科学研究所，2018：2.

案例分析

案例中呈现的是教师对有特殊需要的幼儿，有针对性地使用教育策略和方法，帮助其发展认知、锻炼自理能力、促进社会性发展，同时也推动幼儿之间融合接纳的过程。

面对有特殊需要的幼儿，教师除了应该了解他们的身心发展特点，还要采用适宜的教育策略，制定有针对性的教育方案，促进其认知、心理、社会性方面的发展。其中，教师尤其要关注有特殊需要的幼儿在普通群体中的社会性发展。案例中幼儿园教师在区角游戏中，利用特殊幼儿和普通幼儿的游戏角色不同，让特殊幼儿感受到了参与游戏的快乐，促进了他们社会性的发展。

比起普通幼儿，有特殊需要的幼儿通常需要教师付出更多的时间和努力。对于有特殊需要的幼儿，教师可以鼓励班级其他幼儿来帮助他。只要教师指派的任务合情合理，大部分幼儿都会很愿意帮忙。例如，他们可以帮忙推轮椅，帮助有特殊需要的幼儿做清理工作，帮助他完成拼图，帮他系鞋带、扣纽扣，等等。这样既能培养普通幼儿的责任心和利他行为，也更有利于有特殊需要的幼儿的发展。然而，对于有特殊需要的幼儿自己能做的事情，则不要让普通幼儿包办代替。有特殊需要的幼儿也应最大限度地发展自身的独立性。

国外已有的研究结果表明，学前全纳教育对各类型的特殊幼儿都有积极的影响。与隔离式教育环境中的幼儿相比，在全纳教育环境中的特殊幼儿能够获得语言、社会技能、社会交往等方面的显著进步。在学前全纳教育机构中就学的特殊幼儿比在隔离式教育环境中的幼儿，长大后更能适应全纳性的社会环境，可以获得更多的机会回归主流社会。目前我国一些幼儿园等教育机构采用的是随班就读的教育方式接纳特殊幼儿，这也是全纳教育理念的具体体现。

28. 科学照料生活，坚持保教并重

条文解读

幼儿园一日生活是幼儿日常生活的重要组成部分，合理的一日生活安排不仅应满足幼儿基本的生理需要，还应提供各种教育，引导幼儿发展。掌握科学合理组织一日生活的知识，给予幼儿良好的保育和教育，是幼儿园教师应达到的专业标准。

幼儿园教师需要掌握一日生活安排的知识与方法。在组织幼儿一日生活、实施对幼儿的保育时，要以满足幼儿身心健康发展需要为核心目标；要建立科学合理的常规和作息时间，保教结合；日程安排要保持一定的稳定性和相对的灵活性；活动的安排和组织要动静交替；各环节转换要自然、有序、安全，减少等待，要有利于幼儿良好习惯的养成；等等。具体来说，教师应掌握的一日生活安排知识包括：(1)合理安排和组织一日生活的各个环节，将教育灵活地渗透到一日生活中的知识；(2)科学照料幼儿日常生活，指导和协助保育员做好班级常规保育和卫生工作的知识；(3)充分利用各种教育契机，对幼儿进行随机教育的知识；(4)有效保护幼儿、及时处理幼儿常见事故的知识。

幼儿园教师还需要掌握对幼儿进行生活指导的知识与方法。因为幼儿身心发展还比较稚嫩，他们在身体活动、自我照料和独立生活等方面缺乏相应的经验和能力，需要成人的精心呵护和照顾。教师需要掌握基本的卫生保健和疾病预防等知识，能够指导和配合保育人员做好保育工作。此外，如今幼儿园安全隐患增多，幼儿园教师需增强安全与保护意识，掌握常见危机处理的知识，以保护幼儿身心安全。

我国出台的一些政策法规对此有明确规定。《幼儿园教师专业标准(试行)》要求，“教师应掌握幼儿园环境创设、一日生活安排、游戏与教育活动、保育和班级管理的知识与方法”，要能“科学照料幼儿日常生活，指导和协助保育员做好班级常规保育和卫生工作”。另外，幼儿园日常生活的组织对幼儿生活能

力的培养有重要作用，因此《幼儿园工作规程》第二十五条第四款指出："综合组织健康、语言、社会、科学、艺术各领域的教育内容，渗透于幼儿一日生活的各项活动中，充分发挥各种教育手段的交互作用。"第二十七条规定："幼儿园日常生活组织，应当从实际出发，建立必要、合理的常规，坚持一贯性和灵活性相结合，培养幼儿的良好习惯和初步的生活自理能力。"

案例回放

案例一　鼻涕虫

豆豆的感冒还没好，会时不时流鼻涕。

到了角色游戏时间，小朋友们自选角色后陆续开始了自己的角色扮演，豆豆也高兴地参加了。突然，一连串响亮的"阿嚏"声扰乱了大家有序而专注的活动，大家顺着声音寻到娃娃家。只见扮演"爸爸"的豆豆打完喷嚏，鼻子下面挂着两条长长的鼻涕，他有些不知所措地看着大家。一旁的子奕指着豆豆说："看，两根面条!"围观的小朋友跟着起哄："面条，面条。"豆豆羞红了脸，急了，用胳膊往鼻子上一抹，哎呀，鼻涕蹭得满脸都是，弄了个大花脸。大家见了就说："真脏，真脏。"

徐老师听到娃娃家的吵闹声，赶紧过来看看，原来大家都在讨论豆豆的鼻涕。她对小朋友说："以后玩游戏时再跟着瞎起哄，就取消你们的游戏资格。"她拉着豆豆去洗了脸。可是接下来的时间豆豆一点都不开心，他觉得大家都在嘲笑他，他很委屈。而徐老师没察觉到豆豆的不良情绪，也并没有借着豆豆流鼻涕一事对大家进行相关的健康教育。

——改编自尹坚勤，管旅华.《幼儿园教师专业标准(试行)》案例式解读[M]. 上海：华东师范大学出版社，2013：109-110.

案例二　做好过渡环节，提高保教质量

幼儿园的教育贯穿于幼儿园一日生活的始末，各教育环节应有助于培养幼儿良好的行为习惯。在幼儿园的过渡环节，要着重引导幼儿向着个性的健康方向发展。幼儿园保教工作者应当以幼儿的生活素质教育为重点，做好幼儿园一日生活活动中过渡环节的管理和引导，切实提升幼儿园的保教质量。

我在生活管理中发现以下几个问题。

第一，在幼儿园的一日生活活动中，活动的安排过于死板，对此很多家长都产生了不满。例如：幼儿园给孩子们制定的一日活动时间表，一些家长总是将其视为火车时刻表，说明幼儿园在时间安排上限制了孩子们的各种活动；在

组织形式上缺乏孩子们的自主活动；同时还要求必须严格执行时间的安排，时刻控制着孩子们的各种行为活动，使得孩子们总是处于被动的地位。这种活动的安排及组织形式将使孩子们失去主动学习和自我发展的机会。

第二，幼儿园在安排一日活动计划时，总是集中于对教学活动的安排，并着重强调每个教学活动计划的实施。整个流程下来，很少看到对幼儿生活活动的计划安排；即使有，其中也缺乏教师的必要指导。

第三，幼儿园的教育活动过于注重集体活动，而忽视幼儿的个体发展。像孩子们如厕、洗手、喝水等生活中的细节活动，好多教师为了追求好的常规，便会让孩子一个接着一个去排队，这样的组织形式便会导致孩子们的消极等待。同样的还有：一节活动课，教师也许只会为了传输知识而片面地组织活动，从而忽视了孩子们不同的追求和个体差异性，他们也会因此而丧失自信心。

将过渡环节安排得恰到好处，有如下做法。

第一，学习活动前的过渡环节。在活动前的点名环节，教师如果只是单纯地一一点名，估计孩子们的学习积极性不会太高。教师可以在点名时以讲故事的口吻来吸引孩子们的注意力。比如，教师可以这样开头："老师要点名了，哪位小朋友想让老师用大灰狼的声音把他的名字念出来？哪位小朋友想让老师用兔妈妈的声音把他的名字念出来呢？"然后可以告诉孩子们：兔妈妈的声音是温柔可亲的，大灰狼的声音是凶狠的。这样孩子们就会乖乖地坐着，等着老师用兔妈妈的温柔声音把他们的名字念出来。这就是在学习活动前的一个轻松愉快的过渡环节。

第二，进餐前的过渡环节。一些孩子比较挑食，进餐前，教师可以给孩子讲一些有趣的小故事，再配上适合进餐的音乐，让孩子在宽松自在的环境中吃饭用餐，应该更有利于孩子对食物营养的吸收。当然，在一日生活活动中，过渡的环节还包括午休、早操等方面，无论是哪个过渡环节，教师都应该给予幼儿精心的关注和照顾，不断满足幼儿生理、心理的健康发展需要。

第三，幼儿园的过渡环节对于幼儿的成长起着关键的作用。因此，幼儿园在组织过渡环节时，要根据幼儿的性格及心理特点来组织教学，也要尽可能地吸引幼儿的注意力，使幼儿在一日生活中由被动变为主动，在不受不合理限制和约束的情况下，不断完善和充实自己。做好过渡环节是为了提升保教工作的质量，因此，在一日生活活动中，教师还要不断完善各个生活教育环节，将过渡环节的研究工作深入开展下去，从而全面提高幼儿园的保教工作质量。

——改编自周海林．做好过渡环节　提高保教质量[J]．教育，2014(30)．

案例分析

案例一是关于区域游戏中教师处理突发事件的案例。当豆豆在游戏中打喷嚏流鼻涕时，徐老师并没有抓住豆豆流鼻涕这一契机对幼儿进行相关的健康教育，而是直接批评其他幼儿，用简单粗暴的方式结束了这次意外。在后续游戏的过程中，徐老师也并没有察觉到豆豆的不良情绪。《幼儿园工作规程》提到应当将五大领域的教育内容渗透到幼儿一日生活的各项活动中，案例中徐老师可以设计一个“医生来了”的真实生活场景，让幼儿了解为什么会感冒、鼻涕是什么；组织大家学习如何擤鼻涕，通过朗朗上口的儿歌帮助幼儿记住擤鼻涕的要领；在生活区投放相关材料，让幼儿动手练习擦鼻涕。

幼儿园教师首先要建立科学合理的一日生活流程，并对流程熟记于心，保持一日生活的稳定性与灵活性，善于抓住生活中的教育契机对幼儿进行灵活渗透式的教育和生活指导。尤其是托小班的幼儿，他们的生活自理能力较差，还没有养成良好的生活习惯，这就需要教师重视生活常规的培养，重点培养幼儿的生活自理能力，将教育随时渗透在一日生活中。

案例二中，教师发现在幼儿园的一日生活活动中，活动的安排过于死板；总是集中于对教学活动的安排；过于注重集体活动，而忽视幼儿的个体发展等。

为提高保教保育质量，幼儿园需要合理安排过渡环节，让教育渗透进过渡环节。

过渡环节指的是一日活动中两个相连的活动内容之间的衔接和过渡，它容易被教师忽略，难以生成教育意识，由此产生的教育问题使得过渡环节中很多幼儿处于消极、无序的状态，这跟幼儿园教育的原则“教育要渗透一日活动”等相违背。

《幼儿园教育指导纲要(试行)》提到要科学、合理地安排和组织一日生活，时间安排上应有相对的稳定性与灵活性，既有利于形成秩序，又能满足幼儿的合理需要，照顾到个体差异。这说明过渡环节也需要教师的教育智慧，才能发挥一日生活的整体功能。例如，案例中教师在餐前餐后的过渡环节对幼儿进行生活习惯养成教育，这是保育和教育的有机结合，体现了教育的整体性。

从案例二可以看出，熟悉并遵循幼儿园教育的基本原则，有利于教师敏感地发现教育实践中的问题并采取相应措施改善教育行为。只有合理利用过渡环节，将教育融入一日生活的各个部分，才能使幼儿园保育与教育工作完美结合。

29. 创设适宜环境，促进主动发展

条文解读

所谓幼儿园环境，是指幼儿园内幼儿身心发展所必须具备的一切物质条件和精神条件的总和。幼儿是在与环境的相互作用过程中学习发展的，因此环境的创设至关重要。幼儿园教师应掌握幼儿园环境创设的知识与方法，创设与幼儿发展相适应的良好的物质环境和精神环境。

我国《幼儿园工作规程》第四十一条指出了幼儿园教师的主要职责，其中要求“创设良好的教育环境，合理组织教育内容，提供丰富的环境和游戏材料，开展适宜的教育活动”。《幼儿园教育指导纲要（试行）》明确提出“幼儿园应为幼儿提供健康、丰富的生活和活动环境，满足他们多方面发展的需要，使他们在快乐的童年生活中获得有益于身心发展的经验”。《幼儿园教师专业标准（试行）》规定教师要“创设有助于促进幼儿成长、学习、游戏的教育环境”。

幼儿园教师在创设环境时应遵循以幼儿发展需求为核心、精神环境与物质环境并重、提供与利用并重、因地制宜、安全、合理等基本原则。除了要善于为幼儿创设丰富的、具有探索性的物质环境，《幼儿园教师专业标准（试行）》还规定了教师要能“建立班级秩序与规则，营造良好的班级氛围，让幼儿感受到安全、舒适”，“建立良好的师幼关系，帮助幼儿建立良好的同伴关系，让幼儿感到温暖和愉悦”，对精神环境的创设做出了详细的规定。《3～6岁儿童学习与发展指南》建议教师“营造温暖、轻松的心理环境，让幼儿形成安全感和信赖感”。

总之，环境是重要的教育资源，教师应当根据幼儿的年龄特点创造适宜的教育环境，使儿童在探索和操作中实现自主发展。

案例回放

创设有隐性教育意义的幼儿园环境

幼儿园环境的创设工作要从丰富幼儿文化知识、培养幼儿自主学习意识、激发幼儿求知欲望等几个方面入手，以便对幼儿进行隐性教育，具体可以从这三个方面展开。

第一，从幼儿园的教室环境入手。以激发幼儿求知欲望为目的的幼儿园教室环境创设工作，可以通过在教室内设置科技展览角的方式落实；以丰富幼儿科学文化知识为目的的幼儿园教室环境创设工作，可以通过在教室内设置图书角的方式进行，且图书类型可以选择科普读物。这种在教室内设置展览角、读书角的方式，能够为幼儿创设良好的学习环境，充分发挥幼儿园环境的隐性教育作用。

第二，从幼儿园室外环境的创设工作入手。幼儿园可以在室外设置一些游乐设施，让幼儿在课余时间尽情地玩耍，享受玩耍的乐趣，还能够很好地培养幼儿的体育精神。

第三，通过建立幼儿与教师的关系，创设更加有利于幼儿自由发展和成长的环境，更好地培养幼儿的自主性。

通过这三个方面的环境创设，能够为幼儿成长塑造更和谐、轻松和愉悦的氛围。在这样的氛围中成长的幼儿能够感受更多的爱，拥有更多的自信。

——改编自刘娟娟. 幼儿园环境创设的隐性教育[J]. 学周刊，2021(6).

案例分析

在幼儿园开展教育教学的过程中，要重视各个教育活动的有效构建，探讨活动与幼儿自身发展过程中的联系。同时幼儿园要认识到，这些教育活动主要是显性教育，除此之外，还要重视隐性教育。而环境就是发展幼儿园隐性教育的重要条件。幼儿园环境创设包括物质环境创设和精神环境创设。

从物质环境的角度来说，要挖掘隐藏在物质环境下的教化因素。比如，幼儿园可以将幼儿的一些作品放到大厅，在提高环境美观度的同时，也形成好好学习的氛围。再如，幼儿园还可以结合幼儿活动比较频繁的场所，如户外操场、食堂等，张贴一些励志的标语。不同的场所可设置不同的标语。例如，教师可以为幼儿在操场上张贴与秩序和安全活动相关的标语，在食堂里张贴一些珍惜粮食的漫画，在幼儿的游戏活动场所设计礼貌谦让的卡通形象，这些都可以有效发挥物质环境在引导幼儿发展过程中的作用。

从精神环境的角度来说，要侧重幼儿的亲身体验。幼儿在与环境相融的过程中，会受环境本身感染。比如，幼儿在进入一个充满欢声笑语的活动环境时，内心也会跟着轻松。如果幼儿所处的学习或活动环境是非常枯燥且乏味的，幼儿自然也会产生相同的想法。因此有针对性地创设环境，在幼儿教育中更具必要性。《幼儿园教师专业标准(试行)》十分重视幼儿园精神环境的创设，而《3～6岁儿童学习与发展指南》也对幼儿园精神环境的创设提供了具体的教育建议，例如，建议幼儿教师“营造温暖、轻松的心理环境，让幼儿形成安全感和信赖感”。具体包括：保持良好的情绪状态，以积极、愉快的情绪影响幼儿；以欣赏的态度对待幼儿，注意发现幼儿的优点，接纳他们的个体差异，不简单与同伴做横向比较；幼儿做错事时要冷静处理，不厉声斥责，更不能打骂。

30. 重视游戏价值，加强支持引导

条文解读

游戏活动是“幼儿自发、自主、自由的活动”，是一种内在动机性的活动。游戏活动由游戏者自主选择，表现已有经验，是一种游戏者力所能及的活动；游戏者注重过程体验，不受评价约束。它能使幼儿获得积极的情感体验，是一种充满安全感、胜任感、成就感的活动。

游戏活动的这种特点决定了其在幼儿成长过程中的价值——“发展幼儿想象力、创造力和交往合作能力，促进幼儿情感、个性健康地发展”。游戏是对生活的假想，是想象力的源泉；幼儿在游戏中是最自由的，这是创造力发挥的前提；游戏是通过规则来协调玩伴关系的，这是交往合作的基础；游戏中的积极情感积累是情感个性健康发展的保障。

1989 年发布的《幼儿园管理条例》就明确了“幼儿园应当以游戏为基本活动形式”；《幼儿园工作规程》第二十五条指出幼儿园教育应当“以游戏为基本活动，寓教育于各项活动之中”，第二十九条突出了游戏在幼儿园教育中的基础性，并对游戏的材料、时间和指导给出了方向性的说明。《幼儿园教师专业标准（试行）》提出幼儿园教师要“重视环境和游戏对幼儿发展的独特作用，创设富有教育意义的环境氛围，将游戏作为幼儿的主要活动”。

此外，游戏是解决当前学前教育小学化问题的重要方法。2018 年《中共中央 国务院关于学前教育深化改革规范发展的若干意见》指出：“坚持以游戏为基本活动，珍视幼儿游戏活动的独特价值，保护幼儿的好奇心和学习兴趣，尊重个体差异，鼓励支持幼儿通过亲近自然、直接感知、实际操作、亲身体验等方式学习探索，促进幼儿快乐健康成长。”这体现了游戏在幼儿园教育中的重要地位。

《幼儿园教师专业标准》对幼儿园教师游戏活动的支持与引导能力提出了具体的要求：（1）提供符合幼儿兴趣需要、年龄特点和发展目标的游戏条件；（2）充分利用与合理设计游戏活动空间，提供丰富、适宜的游戏材料，支持、引发和促进幼儿的游戏；（3）鼓励幼儿自主选择游戏内容、伙伴和材料，支持幼儿主动地、创造性地开展游戏，充分体验游戏的快乐和满足；（4）引导幼儿在游戏活动中获得身体、认知、语言和社会性等多方面的

发展。

幼儿园教师应当深刻认识、领会并认同游戏对幼儿发展的独特价值，熟悉其类型、特点，具备有关幼儿游戏的理论与实践知识等。

案例回放

案例一　僵化执行游戏预设目标

活动区有一小筐玻璃珠、好几个碗和一把筷子，老师的预设目标是让孩子用筷子把玻璃珠从筐里夹到碗里，练习手眼协调。一次，几个男孩把碗倒扣过来，各自用手把玻璃珠摆到自己碗底的小口里，小心翼翼地摞起来，比赛谁放的珠子多。结果不小心散落在地，老师看到后立即制止，要孩子好好用筷子夹珠子。孩子没夹两下便感觉无趣，离开了该活动区。

——改编自李季湄，冯晓霞.《3～6岁儿童学习与发展指南》解读[M].北京：人民教育出版社，2013：260.

案例二　过度干预游戏过程

两个孩子正在积木区玩小车，一辆接着一辆排了很长，老师发现孩子们的排列没有规律，就立即让孩子们按照车的颜色和大小摆成一个停车场，想让孩子们练习分类。实际上孩子们正在布置马路上的堵车情景，被老师干预后，只好根据老师的要求进行排列，刚排了几辆，随着老师的离开，孩子们也离开了该活动区。

——改编自李季湄，冯晓霞.《3～6岁儿童学习与发展指南》解读[M].北京：人民教育出版社，2013：260.

案例分析

两个案例呈现的是教师对幼儿游戏活动缺乏观察和分析时出现的干预行为，充分体现出教师对幼儿游戏的支持与指导能力不足。

教师具备幼儿游戏支持与指导的能力，就应该包括了解如何观察、分析幼儿的游戏活动，何时对游戏进行介入和指导。游戏毕竟是幼儿自主的活动，过度干预会提前终结幼儿的游戏。教师在对活动区游戏进行指导时要谨遵观察分析在前、介入指导在后的原则。

案例一中教师过于在乎自己的预设目标，当幼儿出现教师预期之外的行为时，教师没能分析其行为的价值和意义，而是一味否定纠正，强迫幼儿遵循自己设定的游戏程序，完全忽视了幼儿内在动机的驱使作用。另外，幼儿自发的这种行为对幼儿手眼协调的要求更高，且融入了一定的数量比较，教师应该对此进行支持而不是干预。

案例二中教师在指导幼儿游戏时并未仔细观察幼儿游戏行为，对于幼儿的游戏意图“正在布置马路上的堵车情景”完全不了解，凭借自己的主观意识对游戏进行干涉，打断了幼儿的想象，且由于幼儿被迫进行分类游戏，缺乏自发性、自主性，游戏也在教师离开后就结束了。

可见，在对幼儿的游戏进行支持和指导的过程中，教师要深刻领会游戏的独特价值，提高自身对幼儿的观察能力和对游戏的指导能力，支持、鼓励幼儿自由地、自主地、创造性地开展游戏，引导幼儿在游戏中获得多方面的发展，避免产生过度干预行为，影响幼儿在游戏中的学习。

31. 明确幼小差异，做好科学衔接

条文解读

幼小衔接工作指的是幼儿园与小学根据儿童身心发展的阶段性和连续性及儿童终身发展的需要，有针对性地采取适宜的教育措施和手段，帮助儿童逐步学会独立的生活与学习，使儿童进入小学后能够较快地适应新生活，减少因两种教育的差异给儿童身心带来的负面影响，为其终身发展打下基础。幼儿园是学前儿童最主要的教育机构，学前教育并不是孤立存在的教育阶段。小学教育是与幼儿园教育相邻近的教育阶段，它们在教育内容、教育方法、教育过程及教育组织形式等方面都存在连接、沟通和融合的教育关系。

幼儿园教师要树立科学衔接的理念，充分认识幼小衔接的重要性，掌握幼小衔接的相关知识和方法，将入学准备教育有机渗透于幼儿园三年保育教育工作的全过程，帮助幼儿做好身心各方面准备。同时，幼儿园教师也要了解大班与小学一年级对幼儿发展水平要求的差异，在大班下学期有针对性地帮助幼儿做好生活、社会和学习等多方面的准备，建立对小学生活的积极期待和向往，实现生理、心理和能力等方面的顺利过渡。

《幼儿园教育指导纲要（试行）》对幼儿园阶段的衔接教育提出了明确的要求，即幼儿园教育要与“小学教育相互衔接”。《幼儿园工作规程》第三十三条也对幼儿园和小学这两个阶段的教育关系进行了明确，指出“幼儿园和小学应当密切联系，互相配合，注意两个阶段教育的相互衔接”。与此相关的还有对幼儿园教师提出的进行衔接教育的专业要求。《幼儿园教师专业标准（试行）》明确

提出，幼儿园教师必须具备的专业知识之一即“了解 0～3 岁婴幼儿保教和幼小衔接的有关知识与基本方法”。《教师教育课程标准(试行)》在课程目标 2.2“具有教育幼儿的知识和能力”中，2.2.9 条明确指出教师要“了解小学教育的有关知识和幼小衔接的一般方法”。

但是，我们必须明确，为实现从幼儿园到小学阶段的过渡，既要帮助幼儿做好心理上和能力上的准备，又要遵循幼儿身心发展的规律，把握好“度”，防止学前教育“小学化”。国家也出台多项政策法规，明令禁止幼儿园幼小衔接中出现的“小学化”倾向。2018 年发布的《中共中央 国务院关于学前教育深化改革规范发展的若干意见》提出：“开展幼儿园‘小学化’专项治理行动，坚决克服和纠正‘小学化’倾向，小学起始年级必须按国家课程标准坚持零起点教学。”同年，《教育部办公厅关于开展幼儿园“小学化”专项治理工作的通知》出台。为进一步防止学前教育“小学化”，教育部在 2018 年颁布了《新时代幼儿园教师职业行为十项准则》，其中第七项规定幼儿园教师“不得采用学校教育方式提前教授小学内容，不得组织有碍幼儿身心健康的活动”。

2021 年，为深入贯彻党的十九届五中全会“建设高质量教育体系”的要求，落实《中共中央 国务院关于学前教育深化改革规范发展的若干意见》和《中共中央 国务院关于深化教育教学改革全面提高义务教育质量的意见》，《教育部关于大力推进幼儿园与小学科学衔接的指导意见》出台。文件提出了幼小衔接的主要目标：“全面推进幼儿园和小学实施入学准备和入学适应教育，减缓衔接坡度，帮助儿童顺利实现从幼儿园到小学的过渡。幼儿园和小学教师及家长的教育观念与教育行为明显转变，幼小协同的有效机制基本建立，科学衔接的教育生态基本形成。”该文件附件《幼儿园入学准备教育指导要点》和《小学入学适应教育指导要点》列出了各项教育指导内容，可以帮助幼儿园和小学做好入学准备和入学适应教育，使幼小衔接工作科学有效。

案例回放

案例一　让孩子成为时间的主人

为了和家长一起帮助孩子顺利完成从幼儿园到小学的过渡，我们幼儿园通过家长课堂、家长会、亲子活动、个性化约谈等方式，努力同家长达成共识，形成教育合力。但许多家长仍然反映：孩子做事情时总是拖沓，老想多玩一会儿再去完成自己的任务；还有的孩子早上赖床，每次来幼儿园总是迟到……这都是孩子在时间管理上的问题，家长却束手无策。于是，我们开展了一系列加强孩子与家长时间管理观念和方法的主题活动。

一次区域活动，几个孩子不玩最爱的材料，却在一旁热火朝天地聊天。威廉说："小学跟幼儿园可不一样。"耿耿说："我姐姐说上小学特别忙！""那还有时间玩吗？"孩子们纷纷议论起来。感受到孩子们对小学生活的好奇，结合班里"时间管理"的主题，我们开展了"自制多彩时钟"的活动。

我请来刚从幼儿园毕业的几名一年级学生讲讲自己的小学生活是什么样的。孩子们听了哥哥姐姐的讲述，问题反而更多了。为了解答这些问题，哥哥姐姐们拿来了自己的课表。孩子们一起"解读"着课表，仿佛理解了一些，但是规规整整的表格对他们来说还是太抽象了。

"怎么才能让小学的一日生活更一目了然呢？"我提出了问题。孩子们和我一起商量和尝试，最后决定用画类似饼图的"时钟"办法来表示小学的一日生活流程。"我的时钟里得有课间休息时间！""我的时钟里得有户外玩耍的时间！"孩子们你一言我一语地开始设计着。做好"时钟"，孩子们用彩色的画笔和毛根等材料在钟面上用不同颜色标出不同的课程和活动。就这样，每个孩子都做出了一个属于自己的小学生活"多彩时钟"。"小学生的生活好紧张啊！休息的时间是短短的！""我们也要珍惜时间啦！"活动慢慢地结束了，孩子们的时间意识更强了，有的孩子还开始安排自己一天的生活。珍惜时间、按时间完成事情的想法逐渐深入孩子们的心里。

——改编自胡婷婷．让孩子成为时间的主人[J]．学前教育，2020(7-8).

案例二　幼儿园小学化

研究者对一所农村民办幼儿园(以下称"J 园")进行了长达 3 个月的实习观察和调查，了解到当前幼儿园"小学化"的表现主要集中在以下方面。

在园所环境上，J 园教室里，每一面墙都呈白色，未见环境创设的痕迹，教室中格外显眼的是黑板上的"田、天、日"等文字。中班和大班都摆满了固定的桌椅，教室内没有娃娃家、建构区等活动区。在一日活动方面，教师每天为幼儿讲授课程内容，课堂非常安静，幼儿户外游戏活动的时间非常少，每天绝大部分时间用于学习拼音、汉字和算数等内容。同时，幼儿每日离园回家后需完成家庭作业。在教师教育观念和行为方面，教师备有教鞭，对于调皮捣蛋的幼儿，教师往往采取教鞭体罚或者吓唬的方式进行管教。每个班级每天都存在不听话的幼儿被体罚的现象。

——改编自陈雅丽．试论农村民办幼儿园教育"小学化"问题：基于对 J 幼儿园的个案研究[J]．教育观察，2020(44).

案例分析

案例一是幼儿园教师在幼小衔接教学实践中培养幼儿时间观念的成功案例。《幼儿园入学准备教育指导要点》中的“生活准备”提到要培养幼儿“有初步的时间观念，做事不拖沓”。案例中幼儿园教师通过引导幼儿讨论“时间”、组织一年级学生演讲、做“时钟”手工等多种形式，增强了幼儿的时间管理意识，促进了幼儿对小学生活的了解和向往。

案例二是一位研究者观察到的某所农村民办幼儿园存在的“小学化”问题。可以看出，无论是在园所环境的布置方面还是教师的教学内容、教育方式、活动安排方面，都违反了幼儿身心发展的规律，存在严重的“小学化”倾向。在环境方面，《幼儿园工作规程》指出：“创设与教育相适应的良好环境，为幼儿提供活动和表现能力的机会和条件。”而J园基本的幼儿教具、玩具缺失，环境创设单一、枯燥，无法为幼儿提供基本的游戏条件。在教学内容和方法上，《幼儿园教育指导纲要(试行)》规定，幼儿园教学要以“游戏为基本活动，保教并重，关注个别差异，促进每个幼儿富有个性的发展”。J园幼儿一日生活以学习为中心，采用灌输式的教学方法，剥夺了幼儿游戏的权利和时间。除此之外，在教育方式上，《新时代幼儿园教师职业行为十项准则》第六项规定，“不得体罚和变相体罚幼儿”。J园教师用教鞭体罚和恐吓的方式管教幼儿，对幼儿的身心健康产生了不良影响。

幼儿的学习与发展是一个连续的过程，幼儿园教育和小学教育也具有一定的连续性，幼儿园的教育任务之一便是做好幼小衔接，为幼儿入小学学习做好准备，而不是教授小学化阶段的知识，布置繁重的家庭作业。这样扼杀了幼儿的学习积极性，忽视了幼儿的全面发展，也违背了幼儿的身心发展规律。

具备幼小衔接的有关知识是幼儿园教师的专业要求之一。例如：幼儿园教师要知道小学与幼儿园在教育目的、内容和组织形式上的差异；小学教育对幼儿入学准备的要求；正确理解“准备”的内涵；等等。另外，幼儿园教师要会使用幼小衔接的教育方法，帮助幼儿做好身心、生活、社会和学习上的入学准备。

32. 掌握评价方法，激励点滴进步

条文解读

教育评价指的是依据一定的教育价值或教育目标，运用可操作的科学手段，通过系统地收集信息、资料，进行分析、整理，对教育活动、教育过程和教育结果进行价值判断，从而不断自我完善、为教育提供依据的过程。

幼儿园教师的评价应以“激励”为基本导向，以观察为主要手段，以改进教育实践为主要目的。《幼儿园教师专业标准（试行）》提出：教师应“关注幼儿日常表现，及时发现和赏识每个幼儿的点滴进步，注重激发和保护幼儿的积极性、自信心”，体现了教师评价的基本导向；教师“有效运用观察、谈话、家园联系、作品分析等多种方法，客观地、全面地了解和评价幼儿”，说明了教师评价的主要手段；教师“有效运用评价结果，指导下一步教育活动的开展”，说明教师评价以改进教育实践为主要目的。

教师具备激励与评价能力，对于幼儿的积极主动学习和良好发展具有重要的意义。科学的评价既能客观、全面地反映幼儿发展水平，又能为教师改进教学、开发课程提供依据，是教师发现、分析、研究、解决问题的过程，也是教师专业成长的重要途径。

《幼儿园教育指导纲要（试行）》第四部分对幼儿园教育评价做出了更为细致的说明，指出教育评价是“了解教育的适宜性、有效性，调整和改进工作，促进每一个幼儿发展，提高教育质量的必要手段”，突出了教育评价的重要性；在评价主体方面，要求评价主体的多元性，指出管理人员、教师、幼儿及其家长均是幼儿园教育评价工作的参与者，“评价过程是各方共同参与、相互支持与合作的过程”；对评价过程做出了明确的界定，并要求幼儿园教育工作评价实行以教师自评为主，园长以及有关管理人员、其他教师和家长等参与评价的制度，为多元主体评价提供制度上的保障；在评价方法上，注重过程性评价，提出综合采用观察、谈话、作品分析等多种方法进行评价；要求教师在教育中注意观察，注重幼儿的行为表现，发现幼儿的发展与变化，并将其作为重要的评价信息和改进工作的依据。

案例回放

案例一　谁唱得好

午后，寻寻老师在带领中班幼儿复习完前一天学习的儿歌及律动后，采取分组形式引导幼儿上前表演。每组表演后，由“台下”的“小观众”们为“台上”的同伴当场投票，并且进行评价。

第一组幼儿演唱完毕。

老师：“大家觉得谁唱得好？谁可以得到小粘贴？”

男孩C：“泡泡唱得好。”

老师："我怎么没发现她唱得好，我都没有听见她的声音。"

男孩C愣了愣，不再说话。

第二组幼儿表演结束后。

老师："大家认为谁唱得好？女孩D你说。"

女孩D："我认为甜甜唱得好。"

老师："为什么？"

女孩D："甜甜很有表情。"

老师："对，非常好，甜甜表情很好(满意地笑)。甜甜你给大家表演一下你刚才唱歌的时候是什么表情。对，甜甜表现得可好了，还有选甜甜的吗？举手。"(于是又有6名小朋友举手。)

这时，男孩B提出了不同的评价："可是甜甜唱错了啊！"

老师："但是甜甜有动作，昨天我教没教你们动作？刚才只有甜甜做出来了！还有谁选甜甜？"(于是又有9名小朋友选择了甜甜，甜甜本人开心地笑了。)

——改编自于悦.被轻视的主体：权力视角下的幼儿参与评价研究[D].哈尔滨：哈尔滨师范大学，2020.

案例二　表扬孩子的点滴进步

幼儿园班级门口最近多了一个栏目——"夸宝宝"，老师陆陆续续贴出了一些家长写给孩子的表扬信。在接送孩子的时候我也匆匆看过几眼，内容不外乎夸自己的孩子会穿衣服、能帮家人做简单的家务等，我觉得这些都是孩子们早晚都能学会的小本领，不必非要写出来告诉大家，因此没有想过给自己的孩子写表扬信。

晚上小蜜桃问我："妈妈，你看见我们学校门口贴的表扬信了吗？""看见了，怎么了？""噢，我也想让妈妈给我写一封表扬信，我们班好多小朋友的表扬信都让老师念了。""是吗？"我不咸不淡地问道。虽然我隐约能感觉到她的失落，但我依然没有改变心里的想法。用这样的方式来夸孩子，我担心会滋长孩子的虚荣心。

然而，后来小蜜桃在家特意帮我干活，比如摆放碗筷、晾晒小衣服等，对此我都会对她说"谢谢"，可是小蜜桃的回答总是"那你就给我写一封表扬信吧！"但我觉得她这样干家务的动机不纯，于是我跟她讲："宝宝，你是真心想帮妈妈干活，还是想通过干活让妈妈给你写表扬信呢？"小蜜桃想了想，有些犹豫地说："当然是想帮妈妈干活呀！""那妈妈就不用帮你写了呀！"小蜜桃虽然心有不甘，但是没有再纠缠下去，我以为我说服了她。但是不久后，她又特别卖力地帮我干活，最后又提出了相同的要求，我又用同样的道理“教育”她，谁知道她一下子就哭了起来：“为什么别的妈妈都给自己的宝宝写，而我的妈妈就非不给我写？”

孩子的委屈终于爆发出来了，我这才意识到教育不是我想象中那么简单，我该反思一下我自己了。第二天我来到幼儿园和老师沟通，老师告诉我这个栏目主要是帮助孩子认识自己的进步，让家长学会发现和欣赏孩子的点滴进步，把表扬信念给孩子听，一方面是通过表扬孩子的点滴进步帮助孩子建立自信心，另一方面是让孩子知道人是可以一点点变化的。

原来如此，我突然觉得给小蜜桃写表扬信是一件很有必要的事。利用午休时间，我赶紧给小蜜桃写了一封表扬信。这也使我意识到表扬的必要性，当孩子充满热情地想做一件事情的时候，我们的表扬会让孩子更坚持、更快乐、更自信！

——改编自李晓红. 妈妈，给我写封表扬信吧！[J]. 学前教育，2007(Z1).

案例分析

案例一中的教师虽然引导幼儿参与评价，但在此过程中带有强烈的主观暗示。根据其教学需求和审美标准，教师有意夸甜甜，导致部分幼儿的自主评价受到教师的干扰，失去判断而盲从。其评价行为存在唯教师意志、消极评价、缺乏观察等问题。针对问题，本书提出如下建议。

第一，重视并学会观察幼儿。观察是幼儿园教师的基本功，通过观察，教师能觉察幼儿的需求，判断幼儿的发展水平，设计更适宜的发展目标和教育活动。专业的教师应该比一般的教师更善于观察幼儿。本案例中，如果教师善于观察幼儿，那么在男孩 C 评价泡泡唱得好时，教师就能及时给予较为详细、客观的评价，保护泡泡的自信心和自尊心。另外，提高教师的观察意识和能力是提高教师激励和评价能力的重点。幼儿园教师要学会看到每一个孩子的独特性和优点，学习使用多种不同的观察记录方法，全面、客观、连续地观察和评价幼儿，从不同的教师、家长等不同的来源获得全面的信息等。

第二，多一些积极评价，多一些纵向评价。调查发现，有近三成的教师仍然习惯于消极评价，而消极评价既达不到引导幼儿正确行为的目的，更挫伤幼儿的勇气和信心，正如案例中的教师直接否定泡泡，说没听见泡泡的声音，这样会伤害泡泡的自尊心。此外，案例中的教师组织幼儿互评，采用了横向比较的方法，这让部分发展“落后”的幼儿永远处于不被肯定的位置。

第三，评价要多元，避免主体意志，尊重幼儿评价观点。现实中，很多教师会对幼儿的评价和观点给予否定或直接忽视。案例中，教师自始至终都在以自己的评价标准去影响幼儿。在第一组的评价环节，面对幼儿提出的不符合教师期待的评价语言时，教师采取了较为强硬的手段，直接否定幼儿的评价，缺乏对幼儿权利的尊重。这不仅影响了幼儿在下一次参与评价时的自信心，同时也导致其他幼儿不敢轻易进行评价。在第二组的评价环节，教师对于自己满意的幼儿评价给予了多次非常强烈的肯定，于是在教师询问还有谁支持那个“表现得可好了”的幼儿时，大部分幼儿便跟随教师的节奏投出了自己的一票。而当面对其他幼儿不符合自己期待的评价时，教师却严肃地否定了他客观且积极的评价。这无疑扼杀了部分敢于在权威面前质疑的幼儿的勇气。教师应该取消主体意志，真正尊重幼儿评价的权利，进行客观的评价。

案例二详细叙述了一个妈妈对“表扬孩子的点滴进步”这一观念改变的过程。案例中的妈妈最开始并没有意识到表扬和正确评价孩子的重要性，并且错误地将表扬看作助长虚荣心的一种手段。在了解到妈妈的顾虑之后，教师详细说明了表扬信的目的以及激励孩子点滴进步对孩子发展的重要性，贯彻了《幼儿园教师专业标准(试行)》中教师评价的基本导向：“关注幼儿日常表现，及时发现和赏识每个幼儿的点滴进步，注重激发和保护幼儿的积极性、自信心。”此外，该幼儿园通过“念表扬信”和“展示栏”进行公开表扬，不仅能够帮助孩子树立自信心，而且为孩子树立了良好的榜样，有利于孩子向榜样学习，在班级中形成良好的风气。

33. 善于研究反思，实现自主发展

条文解读

反思是研究的前提，教师是反思性实践者，具备对实践进行反思的能力是教师职业特点的必然要求。教育反思能力是指教师以自己及自己的教育实践为研究对象，反省自己的教育观念和行为，并深入研究教育的决策技术、教育观念、教育目的、教育主题和教育策略等方面存在的问题，最终获得对自身及教育行为的修正与完善的能力。

具备研究能力是幼儿园教师作为专业人员需要达到的标准。教师具备研究能力体现在：掌握了解幼儿发展的基本方法，善于观察反思，明确反思的依据，知道根据什么反思；明确反思的内容，掌握反思的思路；针对保教工作中的现实需要与问题，在反思的基础上进行探索和实践研究；与时俱进，随时了解学前教育的发展动向和研究成果，善于吸纳和运用新的研究方法，以提高研究能力，改善实践教学，促进自身的专业发展。

教师需要具备在实践中开展教育研究的能力。教师应能通过教育教研、自我反思等方式，充分利用园本、专家等资源，以行动研究为主要研究方法，将在实践中发现的问题运用科学的方法进行研究，以改善教育实践，提升解决问题的能力，增强教师的专业自主性。

我国颁布的相关政策法规也明确了教师应具备教育研究的能力。《幼儿园教师专业标准(试行)》指出“教师要掌握观察、谈话、记录等了解幼儿的基本方法”。该文件同时对教师的“反思与发展”能力提出了明确要求，即教师能“针对保教工作中的现实需要与问题，进行探索和研究”。2016 年修订的《幼儿园工作规程》第四十一条指出教师要“参加业务学习和保育教育研究活动”，说明教师应当不断学习，开展教育研究，追求自主发展。

案例回放

提高研究能力，助力研究型教师

观察对于教师了解幼儿并为幼儿提供适宜性教育、提升自身专业化水平具有重要作用，为提高幼儿教师观察与分析的能力，北京师范大学实验幼儿园聚焦观察的元分析，引导教师在体验中准确掌握观察的本质和方法。

首先，主持人引导教师全面回顾反思自己的观察，提高对自身观察行为的认知与调控。主持人提问：“在分类统计观察笔记时，你们发现了什么?”教师们认真分析了数据统计和汇报，了解自身日常观察行为的现状，发现当前观察存在的问题，例如：对孩子个体学习的观察很少，对有的孩子的观察记录特别多，而对有的孩子从来没有观察过。

其次，主持人引导大家共同探讨出现问题的原因及解决办法。“这种现象出现的原因是什么?”抛出问题后，教师们产生了触动，一位教师回答道：“以前的观察大多是随机被动的，没有带着目的和探究精神去主动了解和发现孩子……”他的发言引起了很多教师的共鸣。经过第一次观察的元分析，教师们的思路被打开了。他们像研究者一样主动去思考，察觉到了自身观察行为的特点和偏差。

最后，主持人引导大家多角度解析幼儿行为背后的“深意”。主持人：“完成一篇完整、详细、客观的观察实录并不难，难的是如何分析，我们能从哪些视角展开分析呢?”在对观察实例进行分析时，教师们各抒己见。通过研讨，大家对分析的路径做了归纳：幼儿活动中的情感状态、学习涉及的概念、发展水平、解决了什么问题、遇到了什么困难、幼儿心理活动，同时还可以分析教师对幼儿的关注、理解、互动和回应策略。

通过这次深度分析反思，教师们的专业成长发生了实质性的转变，从被动向主动转化，从经验型向研究型转化。他们带着发现的眼光去看孩子，看到了孩子不同的发展水平、不同的探究策略、不同的心理表达。

——改编自高以华，熊庆华. 聚焦观察的元分析，助力研究型教师[J]. 教育家，2020(11).

案例分析

上述案例呈现的是幼儿园针对幼儿教师的观察展开元分析，从而发现教师观察中存在的问题，通过研讨提出解决措施的过程。一般来说，幼儿园教师的研究大部分来自教师在实践教学或一日生活中通过观察和反思发现的教学问题或儿童存在的一些问题。教师作为研究者，不同于"教育理论研究者"，幼儿园教师所开展的研究根植于教育现场，这就要求教师善于观察和记录，及时发现问题，展开深入的研究。对教师而言，科研就是日常的教研，日常的教研就是科研，这种结合可以同时满足当前教育工作的需要和教师专业发展的需要。

问题意识、研究态度和反思能力是教师研究能力中的三个关键词。首先，教师研究能力的培养和提高起源于教师问题意识的增强。教师如何从教育实践中发现问题、进行专业思考，是教师开展研究的出发点。在这个过程中，观察是必不可少的。其次，教师要端正研究态度，将研究工作与日常工作深度、长期结合，将教学过程变为一种常态化的研究过程。教师应当自己行动起来，树立科研的意识和态度，才能改变自己的职业形象，提高专业地位。最后，反思能力能够有效提高教师开展研究的能力。教师要针对自己发现的问题，不断反思探索，寻找原因，从而解决问题。不断学习，观察反思，才能真正提高自己的科研水平，发现教学中存在的问题，展开探索，解决问题，促进教育的发展。

34. 有效沟通交流，优化家园合作

条文解读

幼儿园和家庭是幼儿学习、生活的两个重要场所。幼儿园教师和家长作为对幼儿教育最具影响的两大群体，应相互合作，共同促进幼儿发展。《中共中央 国务院关于学前教育深化改革规范发展的若干意见》提出要"健全家长志愿者驻园值守制度，充分发挥幼儿园家长委员会作用，推动家长有效参与幼儿园

重大事项决策和日常管理”。《幼儿园工作规程》第五十二条指出，“幼儿园应当主动与幼儿家庭沟通合作”，“共同担负教育幼儿的任务”。《幼儿园教育指导纲要(试行)》指出：“家庭是幼儿园重要的合作伙伴。应本着尊重、平等、合作的原则，争取家长的理解、支持和主动参与，并积极支持、帮助家长提高教育能力。”“关注幼儿的特殊需要，包括各种发展潜能和不同发展障碍，与家庭密切配合，共同促进幼儿健康成长。”

与家长进行有效沟通合作的能力是幼儿园教师“沟通与合作”能力的具体表现之一。《幼儿园教师专业标准(试行)》明确指出，幼儿园教师要“与家长进行有效沟通合作，共同促进幼儿发展”。在家长工作中，教师要尊重家长，重视家园沟通合作，了解家园合作对于幼儿保育和教育的重要性；要掌握有效沟通交流的基本方法，使用电话、网络、家访等多种途径进行家园沟通；向家长宣传幼儿教育的科学知识，帮助家长提高教育能力，指导家庭教育与幼儿园教育配合一致；形成家园合力，针对每个幼儿的特点进行具体指导；与家长共同探讨如何创设良好的家庭环境；等等。教师与家长进行有效沟通合作的能力，直接影响到幼儿保育和教育的质量。

案例回放

案例一　幼儿之间摩擦引起的“家庭纷争”

聪聪与明明平时在幼儿园里是一对好朋友，经常一起玩游戏，有时也会因一些小事而发生争执。有一天，他们为了一件玩具吵了起来。争吵之中，聪聪在明明的腿上抓了一道，明明也不甘示弱地抓伤了聪聪。由于孩子们没有向老师报告这件事，老师完全不知情，直到双方家长来接孩子时才发现各自孩子身上的伤痕，于是双方家长就争吵了起来。老师则认为孩子已经交到了家长手中，孩子又不曾向她报告，故置身事外，并没有对这件事进行调查和劝解，导致双方家长越吵越激烈，谁也不肯让谁。聪聪的家长甚至还恐吓明明的家长说：“如果我的孩子有什么问题，你的孩子也别想活!”结果，明明的家长就因为这句话感到既害怕又担心而报了警。

——改编自彭明妍，宋杨，李鹏．学前教育政策法规解读[M]．北京：中国书籍出版社，2017：142.

案例二　抓住入园关键期　建立信任型家园关系

针对小班幼儿刚入园，家长不舍、不放心，甚至焦虑、担忧的复杂心理特点，我园完善了小班“五点一线”的家园共育机制，点线发力，贯穿全局，共促信任型家园关系的形成。

“五点”，即五个关键时间节点开展五项专门活动，包括新生家长会、幼儿入园适应活动、幼儿在园活动状态展示会、半日活动现场观摩、新年庆祝活动；“一线”，即贯穿整个学期的每日离园反馈。“五点”和“一线”有序结合，满足不同时间段、不同活动中家长的不同需求，在点的展示和线的沟通中，逐步增进家园双方的认识，加深相互理解，从而建立信任型家园关系，为幼儿的健康成长营造和谐氛围。

——改编自吴红霞．抓住入园关键期　建立信任型家园关系[J]．学前教育，2018(6)．

案例分析

案例一是一则由幼儿之间摩擦而引起家庭间矛盾的案例。在本案例中，教师认为自己在本次事件中没有责任，故置身事外，导致双方矛盾愈演愈烈。与家长进行有效沟通合作的能力是幼儿园教师“沟通与合作”能力的具体表现之一。案例二则展现了一个有效促进家园合作的活动。《幼儿园教师专业标准(试行)》明确指出，幼儿园教师要“与家长进行有效沟通合作，共同促进幼儿发展”。幼儿园教师在家园合作中要善于运用适当的技巧及策略，比如：主动攀谈，求得家长的认可；随和解释，赢得家长的佩服；善意疏导，消除家长的误会；大度宽容，善待家长的不足；等等。有针对性地运用沟通策略与技巧能促进家园之间有效合作，使得家长、教师共同促进幼儿的发展。

除此之外，幼儿园也应建立家长委员会制度。无论是幼儿与幼儿还是教师与家长，出了问题都可以通过这个渠道使双方达到互相了解、理解，建立一种相互信赖的关系，从而迅速、有效地采取适当的措施来解决矛盾。正如案例一中的这起事件，如果由家长委员会去处理的话，问题就可以迎刃而解，幼儿的身心也不至于受到伤害。

35. 整合社会资源，发挥教育合力

条文解读

幼儿的成长离不开社区、社会，社区作为幼儿园教育的环境之一，是开放的幼儿园教育的重要资源。《幼儿园工作规程》第五十五条明确指出：“幼儿园应当加强与社区的联系与合作，面向社区宣传科学育儿知识，开展灵活多样的

公益性早期教育服务，争取社区对幼儿园的多方面支持。”

幼儿园教师应能充分利用社区资源，协助幼儿园与社区建立合作互助的良好关系。这样既能充分开发、利用社区的环境资源、人力资源、文化资源，让社区资源成为幼儿教育、课程的一部分，创设与教育相关的、促进幼儿身心发展的社区教育环境，又能回馈社区，为社区的早期教育提供专业咨询和服务，宣传、教授科学育儿的专业知识，帮助社区提高保教质量。

我国颁布的政策条文也明确规定了教师要协助幼儿园与社区建立良好的合作互助关系。《幼儿园教师专业标准(试行)》提出，教师要“重视幼儿园、家庭和社区的合作，综合利用各种资源”，“协助幼儿园与社区建立合作互助的良好关系”。《幼儿园教育指导纲要(试行)》明确说明幼儿园和社区是相互作用的，幼儿园既要“充分利用自然环境和社区的教育资源，扩展幼儿生活和学习的空间”，又要“为社区的早期教育提供服务”。

案例回放

利用社区资源拓展幼儿艺术教育

在幼儿园“望京是我家”的“六一”主题庆祝活动中，孩子们制作了精美的海报、邀请卡，从社区请来了不同类型的艺术人员参与活动。专业的服装和表演，具有浓厚现代气息的歌唱、舞蹈、魔术等活动，不仅让幼儿感受到了艺术的多样与美好，还让他们体验到了现代艺术的表现方式所带来的情绪释放。特别是美院师生“大手拉小手”的创意写生活动，让幼儿在参与中感受，在体验中发展。

——改编自李凤莲．利用社区资源拓展幼儿艺术教育[J]．学前教育，2015(12)．

案例分析

《幼儿园工作规程》第五十五条明确指出：“幼儿园应当加强与社区的联系与合作，面向社区宣传科学育儿知识，开展灵活多样的公益性早期教育服务，争取社区对幼儿园的多方面支持。”《幼儿园教育指导纲要(试行)》“总则”部分明确指出：“幼儿园应与家庭、社区密切合作，与小学相互衔接，综合利用各种教育资源，共同为幼儿的发展创造良好的条件。”

案例证实，社区蕴含着丰富的艺术教育资源。充分有效地利用这些资源，能扩展幼儿园艺术教育的空间，营造艺术教育的氛围，丰富幼儿艺术教育的内容，更好地促进幼儿园艺术教育活动的开展。在这样的过程中，幼儿的审美发现、感受和体验、表达和表现、想象和创造能力能得到良好的发展，自主性和自信心也会更强；教师对幼儿艺术教育的理论认识和实践能力也能得到明显提升。由此可见，加强幼儿园与家庭、社区的合作已经成为幼儿园教育改革的重点，挖掘和利用社区资源也是幼儿园教育的基本要求。

五、任职要求与权益保障

36. 幼儿园教师资格的获取与丧失

条文解读

教师资格，就是从事教师职业所必须具备的资质和准入条件，是获得从事教师职业的权利而必须具备的先决条件。2013 年，教育部印发的《中小学教师资格考试暂行办法》第二条明确指出："中小学教师资格考试(以下简称教师资格考试)是评价申请教师资格人员……是否具备从事教师职业所必需的教育教学基本素质和能力的考试。"这标志着中小学教师资格考试有了法律依据和政策规范。为保障教师队伍质量，2015 年，国家教师资格统一考试在全国范围内实施，要获得教师资格证书就必须经过全国统一考试。报考教师资格考试，要符合以下基本条件：报考者要具有中华人民共和国国籍；遵守宪法和法律，热爱教育事业，具有良好的思想品德；符合申请认定教师资格的体检标准；符合《教师法》规定的学历要求，即申请者应当具备幼儿师范学校毕业及其以上学历。此外，申请认定教师资格者，还应当履行《教师法》规定的义务，遵守教师职业道德。

教师资格可以通过努力而获得，也会因为犯罪而丧失。《教师法》第十四条指出："受到剥夺政治权利或者故意犯罪受到有期徒刑以上刑事处罚的，不能取得教师资格；已经取得教师资格的，丧失教师资格。""剥夺政治权利或者故意犯罪受到有期徒刑以上刑事处罚"这两项只要具备其中一项，就意味着教师资格丧失。由于各级各类学校对教师的要求有一定的区别，已取得教师资格的人员中，有的虽犯有不符合教师资格要求的错误，但还没有达到丧失教师资格的程度，因此，除按照《教师法》的规定进行处理之外，《教师资格条例》第十九条规定，"有下列情形之一的，由县级以上人民政府教育行政部门撤销其教师资格：(一)弄虚作假、骗取教师资格的；(二)品行不良、侮辱学生，影响恶劣的。被撤销教师资格的，自撤销之日起 5 年内不得重新申请认定教师资格，其教师资格证书由县级以上人民政府教育行政部门收缴"。第二十条规定："参加教师资格考试有作弊行为的，其考试成绩作废，3 年内不得再次参加教师资格考试。”教育部颁发的《〈教师资格条例〉实施办法》第二十七条规定：“对使用假资格证书的，一经查实，按弄虚作假、骗取教师资格处理，5年内不得申请认定教师资格，由教育行政部门没收假证书。对变造、买卖教师资格证书的，依法追究法律责任。”

此外，由于幼儿的免疫力较低，国家还对幼儿园教师资格证的申请者的健康水平提出了严格要求。《托儿所幼儿园卫生保健管理办法》规定：托幼机构工作人员上岗前必须经县级以上人民政府卫生行政部门指定的医疗卫生机构进行健康检查，取得托幼机构工作人员健康合格证后方可上岗。在岗人员患有传染性疾病的，应当立即离岗治疗，治愈后方可上岗工作。精神病患者、有精神病史者不得在托幼机构工作。《〈教师资格条例〉实施办法》第八条规定申请者应“具有良好的身体素质和心理素质，无传染性疾病”。第十三条第一款规定：“体检项目由省级人民政府教育行政部门规定，其中必须包含‘传染病’、‘精神病史’项目。”教育部教师资格认定指导中心在2010年颁布的《关于调整申请认定幼儿园教师资格人员体检标准的通知》中规定，“为严格教师资格准入制度，保持国家有关政策的一致性，要求各地在教师资格体检表中的‘既往病史’项中明确标明肝炎、结核、皮肤病、性传播性疾病、精神病、其他、受检者确认签字的内容”。因此，无传染性疾病、精神性疾病是获取幼儿园教师资格的必要的健康条件。

从上述法律法规政策可以看出，国家对于幼儿园教师资格获取的条件以及丧失的原因都做了明确的规定，幼儿园教师应当明晓，杜绝一切非法取得教师资格和导致教师资格丧失的行为。

案例回放

案例一　幼儿园不能承载的就业歧视

2012年5月，原卫生部发布《托儿所幼儿园卫生保健工作规范》修订说明。其中，最引人关注的是，取消了体检中原“乙型肝炎表面抗原阳性应调离工作”的规定，这意味着乙肝病毒携带者可做托幼机构教师。与之前出台的有关政策制度规定引起舆论一片叫好相比，上述消息却引起激烈争议。面对“乙肝病毒携带者获准从事托幼工作”这样的具体事实，社会各界发表了不同的看法。

幼儿家长：我知道不能歧视乙肝病毒携带者，但作为一个孩子的母亲，我从内心来说不能接受。虽然说乙肝病毒携带者不具备传染性，但凡事总怕“万一”。幼儿园的老师跟孩子的接触时间非常长，一旦发生意外，谁来负责？何必让孩子来冒这个险。

幼儿园负责人：一些家长考察幼儿园，进门第一件事就是看幼儿园老师的健康体检证。虽然卫生部出台了文件，但为了留住生源，幼儿园不得不辞退乙肝病毒携带者。况且一些私立幼儿园没有财政补贴，需自负盈亏。聘用他们，万一被家长知道，他们肯定另找幼儿园。孩子们都不来了，我们怎么办？

网友：卫生部的这一纸规定如果强制执行，或许能减少对乙肝病毒携带者的歧视，但要消除乙肝恐惧，远不是一纸规定便能做到的。此外，到现在我们也没有看到一份关于全国乙肝病毒携带者的权威调查，有关职能部门应在公众缺乏了解的情况下，主动承担起向公众答疑解惑的责任，消除公众对这类特殊传染病的误解与恐惧。

——改编自本期话题：幼儿园不能承载的就业歧视[J]. 中国就业，2012(7).

案例二　帮办假证，案发落网

33岁的崔某是安徽凤阳一家幼儿园的老师，2018年年初，她在一次行业交流会上认识了李某，李某说她可以给别人办理各类教师资格证，并给崔某留下了自己的手机号码。

同年5月，崔某被原就职的幼儿园解聘，于是来到一所乡镇私立幼儿园找工作。交谈中，园长杨某讲起教育部门经常来查老师的教师资格证，查到没有证件就会处罚。崔某立即告诉她，自己可以找关系办理幼儿园教师资格证，只是需要花钱。杨某一听，就让崔某帮忙尽快办证。5月28日，崔某找到李某，买了3张假的幼儿园教师资格证。此次交易，崔某从李某手中得到“辛苦费”2700元。

2019年5月27日，崔某案发落网，安徽省凤阳县检察院以涉嫌买卖国家证件罪将崔某批准逮捕，所有假证也由教育部门没收。

——改编自吴长忠. 幼儿园老师当中介　帮办假证从中渔利[N]. 检察日报，2019-07-04.

案例分析

案例一是《托儿所幼儿园卫生保健工作规范》颁布后，社会各界对于“乙肝病毒携带者可从事托幼工作”的态度。从中可知，民众，尤其是幼儿家长仍然对这一规定心存担忧，担心乙肝病毒携带者在一日生活接触中传染孩子，这其实是对乙肝病毒传染途径以及法律相关规定认知模糊导致的。医学研究早已表明，乙肝病毒主要有血液、母婴及性接触三种传播途径，一般的社交活动不会导致乙肝病毒传播。

2010 年 2 月 10 日，人力资源和社会保障部、教育部、卫生部联合发布了《关于进一步规范入学和就业体检项目维护乙肝表面抗原携带者入学和就业权利的通知》，为乙肝病毒携带者入学和就业提供了法律上的保障。其中第一条就明确指出："各级各类教育机构、用人单位在公民入学、就业体检中，不得要求开展乙肝项目检测……不得要求提供乙肝项目检测报告，也不得询问是否为乙肝表面抗原携带者。各级医疗卫生机构不得在入学、就业体检中提供乙肝项目检测服务。因职业特殊确需在入学、就业体检时检测乙肝项目的，应由行业主管部门向卫生部提出研究报告和书面申请，经卫生部核准后方可开展相关检测。"同月，《教育部 卫生部关于普通高等学校招生学生入学身体检查取消乙肝项目检测有关问题的通知》指出"取消教育部 卫生部 中国残联印发的《普通高等学校体检工作指导意见》(教学〔2003〕3 号附件)中乙型肝炎表面抗原携带者不能录取学前教育、航海技术、飞行技术、面点工艺、西餐工艺、烹饪与营养、烹饪工艺、食品科学与工程专业的限制"，说明乙肝病毒携带者可以就读学前教育专业。

为进一步保障政策的落实，2011 年 2 月，《卫生部政务公开办公室关于已核准的乙肝表面抗原携带者不得从事的职业的说明》明确指出，经卫生部核准的乙肝表面抗原携带者不得从事的职业和可以开展相关检测的行业有：特警职位乙肝病毒携带者，不合格；血站从事采血、血液成分制备、供血等业务工作的员工和民航招收飞行学生保留体检鉴定乙肝项目检测。这其中并不包括幼儿教师职业。

2012 年卫生部修订的《托儿所幼儿园卫生保健工作规范》中，取消了体检中原"乙型肝炎表面抗原阳性应调离工作"的规定，反映了对教育行业落实以上文件的要求与行动，意味着乙肝病毒携带者获准进入托幼行业。改变家长和公众的观念也需要幼儿园和教育工作者的共同努力。

案例二中崔某身为幼儿园教师，为赚取"中间费"，引诱园长为其幼儿园教师办理假证。根据《〈教师资格条例〉实施办法》第二十七条的规定，"对变造、买卖教师资格证书的，依法追究法律责任"。崔某联系李某，作为中间人买卖假证，违反国家法律，应依法追究其法律责任。此外，对于那些使用假教师资格证的幼儿园教师，根据法律规定，5 年内不得申请认定教师资格，并由教育行政部门没收假证书。而杨某作为幼儿园园长，为园内教师办理假证，有损师德，应当依据《幼儿园教师违反职业道德行为处理办法》给予相应处罚。

近几年来，买卖幼儿园教师资格证和利用假证申报领取幼儿园在职自聘教师奖励补助的案件时有发生，究其原因，是由于当前幼儿园教师资格证件管理制度存在漏洞，行政监管不力。对此，教育部门应当加大对资格考试的监管力度，严厉查处考试违纪人员；执法机关在执法活动中应加大对买证者的查处力度，切断市场需求源头；国家应对幼儿园教师执业情况进行专项检查，开展幼儿园教师师德师风专项整顿，推动幼儿园教师持证上岗，提高幼儿园教师的专业素养。

37. 幼儿园教师的职务制度

条文解读

教师职务制度，指的是国家根据各级各类学校的教育教学需要制定的专业技术工作岗位制度。它包含高、中、初级职务的结构比例及教师应尽的职责等内容，是确定教师工资福利待遇的基础。获得某一教师职务者必须具备专门的业务知识和相应的学术水平。国家教师职务制度对各种教师的任职资格、评审程序做了具体规定。

我国最早对教师职务实施办法做出规定的法律文件是 1986 年的《中小学教师职务试行条例》。该条例首次明确了中小学教师的专业技术人员身份，把中小学教师职务纳入了与高校教师、科研人员、工程技术人员、医疗卫生技术人员职务同等地位的专业技术职务范畴。该条例的颁布，提高了中小学教师的身份和地位，也有利于调动中小学教师的工作积极性。

2009 年修正的《教师法》以法律形式明确了国家实行教师职务制度。其第十六条规定："国家实行教师职务制度，具体办法由国务院规定。"2012 年《国务院关于加强教师的队伍建设的意见》进一步指出，"加快推进教师职务（职称）制度改革。分类推进教师职务（职称）制度改革，完善符合各类教师职业特点的职务（职称）评价标准。建立统一的中小学教师职务（职称）系列"。同年，《教育部 中央编办 财政部 人力资源社会保障部关于加强幼儿园教师队伍建设的意见》指出要"完善符合幼儿园教师工作特点的评价标准，重点突出幼儿园教师的师德、工作业绩和保教能力"。2015 年，人力资源社会保障部、教育部又印发《关于深化中小学教师职称制度改革的指导意见》，全面推行中小学教师（含幼儿园教师）职称制度改革，建立了统一的中小学教师职称系列，设置了正高级职称。据此，符合条件的幼儿园教师可以按属地原则参加当地人力资源社会保障部门、教育行政部门组织的中小学教师职称评审。

由于种种条件的限制，我国目前还没有独立的幼儿园阶段的职务晋升评价标准，很多地区将幼儿园教师职务晋升制度统筹在中小学教师职务里，未能单列。不同地区对幼儿园教师各级职务的任职条件和职责规定各有不同，但国家鼓励地方在评审工作中展开分类评价，根据各地实际情况设置具体评价条件、评价办法，现在部分省份也为幼儿园教师单独设置了职称评审组。

案例回放

幼儿园教师职称评定问题

自我国实施教师职称评审制度以来，幼儿园教师职称长期依附于中小学教师职称序列，幼儿园教师职称名额在各地确定的职称评聘比例中被严重挤占。同时，职称评审要求未能充分考虑幼儿园教师的工作特点和专业发展，对其职称评聘极为不利。

有研究者以深圳市6004名民办幼儿园教师为研究对象，采用问卷法和访谈法收集数据，了解了深圳市民办幼儿园教师职称评定的现状。研究表明，接近九成的幼儿园教师无职称，占比高达89.12%。深圳市幼儿园教师职称评定沿用《广东省中小学教师水平评价标准(试行)》，对学历和教龄都具有明确的要求。从实际情况来看，首先，此标准更适用于公办园教师，对民办园教师来说，职称评定如同虚设。其次，有职称的幼儿教师难以晋升到更高序列，高级和中级职称分配到幼儿园的名额寥寥无几，高级职称的评定难度较大、竞争激烈。此外，由于幼儿园的平台及资源大都集中于管理层，一线教师难以获得，因此一线教师难以获得高级职称。可见当前幼儿园教师职称评定仍然存在名额分配不足、评价体系不完善等问题。

——改编自甘露．幼儿园教师职称评定的现状及改进策略：以深圳市龙华区为例[J]．早期教育(教育科研)，2021(2)．

案例分析

该案例暴露了当前民办幼儿园教师职务评定存在的问题。从中可知，当前幼儿园教师缺乏独立的职称评定体系，名额分配少，评价标准不符合其工作特点，导致当前幼儿园教师无职称比例大，高级职称教师比例小。教师的职称反映了教师的专业能力，良好的职称晋升渠道对提高教师的工作积极性、增强其专业认同感具有重要的作用。2018年《中共中央 国务院关于全面深化新时代教师队伍建设改革的意见》明确提出，“全面提高幼儿园教师质量，建设一支高素质善保教的教师队伍”。在未来，首先，要推动幼儿园教师职称单列，使职务评审的标准符合学前教育的专业特点和要求，从适用范围、任职条件、各级职称申报条件等方面对幼儿园教师专业技术资格标准予以规定，为幼儿园教师的职业化发展提供制度依托和实现渠道。其次，要建立配套的幼儿园教师职称评聘制度，设置幼儿园教师职称等级和岗位数量，改善幼儿园教师职称评聘比例偏低、职称层次不高的现状。最后，要关注民办幼儿园教师，畅通民办幼儿园教师职称评聘通道，合理分配幼儿园教师职称等级和岗位数量，为不同“身份特征”的教师提供平等晋升机会。

38. 幼儿园教师的聘任制度

条文解读

幼儿园教师的聘任制度是指幼儿园和幼儿园教师在平等自愿的基础上，由用人园所或教育行政部门根据教育教学的需要设置工作岗位，聘请具有教师资格的公民担任相应的幼儿园教师职务的一项重要人事管理制度。教师的聘任制度包括招聘、续聘、解聘、辞聘四项内容。这四项内容分别具有不同的含义和要求。

招聘是指幼儿园通过各种途径公开选拔幼儿园教育教学所需教师并与其签订合同的过程。招聘应当公开、公正、自愿、平等。幼儿园与受聘人签订的聘任合同应当包括聘任期限、工作内容、劳动保护和劳动条件、劳动报酬、劳动纪律、聘任合同终止的条件、违反聘任合同的责任。

续聘是指教师的聘期届满后，教师与幼儿园继续签订聘任合同。值得注意的是，如果教师在同一学校连续工作满 10 年及以上，当事人双方同意续聘合同的，如果教师提出订立无固定期限的聘任合同，应当订立无固定期限的合同。

解聘是指幼儿园单方面解除聘任合同的行为。一般情况下，幼儿园不得单方面解除合同，只有在教师严重违反幼儿园的纪律或给幼儿园造成重大损失的情况下，才可以单方面解除合同。

辞聘是指教师单方面解除与幼儿园的聘任合同的行为。在幼儿园未按照聘任合同约定支付劳动报酬或者提供劳动条件的情况下，教师可以解除与幼儿园的聘任合同。

我国制定了一系列法律法规，对教师聘任制的相关内容进行了规定。例如，《教师法》第十七条规定：“学校和其他教育机构应当逐步实行教师聘任制。教师的聘任应当遵循双方地位平等的原则，由学校和教师签订聘任合同，明确规定双方的权利、义务和责任。实施教师聘任制的步骤、办法由国务院教育行政部门规定。”第三十七条还规定：“教师有下列情形之一的，由所在学校、其他教育机构或者教育行政部门给予行政处分或者解聘。（一）故意不完成教育教学任务给教育教学工作造成损失的；（二）体罚学生，经教育不改的；（三）品行不良、侮辱学生，影响恶劣的。教师有前款第（二）项、第（三）项所列情形之一，情节严重，构成犯罪的，依法追究刑事责任。”

近年来，国家高度重视师德师风建设，2018 年教育部颁布了《幼儿园教师违反职业道德行为处理办法》，明确提出了对违反职业道德的行为的各项处理办法，包括警告、记过、降低岗位等级或撤职和开除等处分，其中第七条的“开除处分”分别对公办园在编教师、公办园非在编教师和民办园教师的解聘做出了详细的说明。

案例回放

女教师“插队”怀孕被辞退，获赔 5 万多元

随着 2015 年生育政策的改变，不少幼儿教师有了生育二胎的计划。为解决幼儿教师扎堆生育的现象，某幼儿园出台了女教师生育二胎排队的规定。

潘老师向学校提交了生育申请，并以 36 分的成绩排名第四，但由于部分教师对考核标准存在异议，幼儿园又进行了第二次排队，潘老师的排名下降到第七。然而不久后，潘老师怀孕了，在向园长申请提前生育后，幼儿园决定严格按照制度执行，向潘老师出具了一份《解除劳动关系证明》，以潘老师严重违反用人单位的规章制度为由，与潘老师解除了劳动合同。

潘老师对此不服，向当地劳动人事争议仲裁委员会申请仲裁。经审查，仲裁委员会做出裁决：幼儿园支付潘某终止劳动关系赔偿金 59752.2 元。幼儿园表示不服，向当地的法院提出诉讼，请求判决确认幼儿园不承担支付潘某终止劳动关系赔偿金。法院经审理后认为，劳动人事争议仲裁委员会做出的仲裁裁决书符合法律规定，判决驳回幼儿园的诉讼请求。

——改编自史友兴. “插队”怀孕被辞退，能否获赔？[N]. 检察日报，2018-10-24.

案例分析

这是一起幼儿园解聘怀孕教师的案例。本案例中，虽然怀孕的潘老师申请提前生育，但是幼儿园仍然决定辞退潘老师。在合同聘用期内，幼儿园以怀孕为由单方解除和潘老师的合同，侵犯了教师的合法权益。

本案例中的潘老师并不存在《教师法》规定的不完成教学任务、品行不良、侮辱学生等影响恶劣的情况，因此，从《教师法》的角度来讲，幼儿园并不能辞退潘老师。此外，2018 年修正的《中华人民共和国劳动法》(以下简称《劳动法》)第二十九条规定，“女职工在孕期、产期、哺乳期内的”，“用人单位不得依据本法第二十六条、第二十七条的规定解除劳动合同”。2018 年修正的《中华人民共和国妇女权益保障法》第五十一条第一款规定：“妇女有按照国家有关规定生育子女的权利，也有不生育的自由。”这说明任何单位不得侵犯妇女生育自由的权利。因此，幼儿园“排队怀孕”的规定违反了相关法律，故法院根据《劳动法》和《教师法》的相关规定，要求幼儿园对潘老师进行赔偿。

39. 幼儿园教师的身份和地位

条文解读

教师的身份，指从本质上确认教师的一系列特征的总和，如教师的社会或法律地位、教师资格和受尊敬的程度等。教师地位可以理解为教师群体在社会体系中所处的位置，是指教师的立场及受重视程度，是经由对教师所发挥之功能、所表现之能力、工作态度，以及自其他专业团体获致之报酬与其他实质性奖励的重要性予以评估所引证的结果。

我国相关的法律法规中对教师(包括幼儿园教师)的身份进行了阐释和规定。《教师法》第三条明确规定：“教师是履行教育教学职责的专业人员，承担教书育人，培养社会主义事业建设者和接班人、提高民族素质的使命。教师应当忠诚于人民的教育事业。”第四条指出：“各级人民政府应当采取措施，加强教师的思想政治教育和业务培训，改善教师的工作条件和生活条件，保障教师的合法权益，提高教师的社会地位。全社会都应当尊重教师。”第四十条指出，“中小学教师，是指幼儿园、特殊教育机构、普通中小学、成人初等中等教育机构、职业中学以及其他教育机构的教师”。可见，幼儿园教师属于中小学教师范畴，应当享有与中小学教师同等的身份和地位。2019 年颁布的《中国教育现代化 2035》也再次强调“提高教师社会地位，完善教师待遇保障制度”。

我国政府高度重视幼儿园教师身份和地位的落实。《国家中长期教育改革和发展规划纲要(2010—2020 年)》和《国务院关于当前发展学前教育的若干意见》都明确提出“依法落实幼儿教师的身份和地位”。2012 年颁布的《教育部 中央编办 财政部 人力资源社会保障部关于加强幼儿园教师队伍建设的意见》指出：“幼儿园教师承担着保育和教育的双重职能，关系到亿万儿童的健康成长，关系到学前教育事业的健康发展。”该表述突出了幼儿园教师的重要地位。2018 年颁布的《中共中央 国务院关于学前教育深化改革规范发展的若干意见》指出要“依法保障幼儿园教师地位和待遇”。可见，明确和落实幼儿园教师的身份和地位已经成为国家发展学前教育事业的重要一环。

案例回放

幼儿园教师的社会地位

一直以来，我国幼儿园教师的职称沿用小学教师的职称系列，但幼儿园教师与小学教师在职称获得比例方面的差异极为显著。以 2006 年为例，小学教师获得中学高级和小学高级职称的占整个小学教师的 45.8%，而幼儿园教师中获得中学高级和小学高级职称的比例仅为 16.54%，获得小学高级和小学一级职称的小学教师比幼儿园教师要多出 1 倍。

中国科学技术协会联合中国科普研究所发布的“第六次中国公众科学素养调查结果”显示，我国公众认为教师的职业声望最高，达 57.2%，并且在“公众期望子女从事的最好职业”的选择中选择教师的比例最高，达 47.5%。但是，在教师群体内部，不同教育阶段教师的职业声望是有差异的，往往随着教育阶段的提高而逐渐递增，依次是幼儿园教师、小学教师、中学教师、大学教师。

——改编自张晓辉. 幼儿教师的社会地位[J]. 学前教育研究，2010(3).

案例分析

从上述案例可以看出，当前我国幼儿园教师的社会地位低，没有独立的职称体系，职业声望不及中小学教师，实际上并没有享有与中小学教师同等的法律身份和地位，具体体现在：幼儿园教师没有独立的职称评审与晋升体系；没有独立的编制类型；没有统一的工资标准。2018 年颁布的《中共中央 国务院关于学前教育深化改革规范发展的若干意见》所规定的“依法保障幼儿园教师地位和待遇”，有利于促进幼儿园教师合理、明确的身份定位，提高其工资待遇水平和社会地位。这也是提升幼儿园教师的职业吸引力的关键，对于吸引和留住优秀师资，促进幼儿园教师队伍稳定及整体素质提高有重要的作用。

40. 幼儿园教师的工资待遇

条文解读

一直以来，我国幼儿园教师流失率和流动率颇高，且有愈演愈烈的趋势。导致这一问题的一个重要原因是幼儿园教师的工资待遇整体偏低，且个体间差距较大(同工不同酬)，难以吸引优秀的人才加入，又很难稳定教师队伍。

事实上，《教师法》第二十五条已经对教师的工资待遇问题做出了明确规定："教师的平均工资水平应当不低于或者高于国家公务员的平均工资水平，并逐步提高。建立正常晋级增薪制度，具体办法由国务院规定。"第三十一条规定："各级人民政府应当采取措施，改善国家补助、集体支付工资的中小学教师的待遇，逐步做到在工资收入上与国家支付工资的教师同工同酬，具体办法由地方各级人民政府根据本地区的实际情况规定。"

近年来，国家发布了系列政策文件保障幼儿园教师的薪资待遇。2018 年，《中共中央 国务院关于学前教育深化改革规范发展的若干意见》明确提出："依法保障幼儿园教师地位和待遇。各地要认真落实公办园教师工资待遇保障政策，统筹工资收入政策、经费支出渠道，确保教师工资及时足额发放、同工同酬。有条件的地方可试点实施乡村公办园教师生活补助政策……民办园要参照当地公办园教师工资收入水平，合理确定相应教师的工资收入。各类幼儿园依法依规足额足项为教职工缴纳社会保险和住房公积金。各地要根据学前教育特点和幼儿园教师专业标准，完善幼儿园教师职称评聘标准，畅通职称评聘通道，提高高级职称比例。对作出突出贡献的幼儿园园长、教师，按照国家有关规定予以表彰和奖励。"该条文对公办园和民办园教师的工资、乡村公办园教师特殊补贴、幼儿教师职称评聘以及社会待遇等方面都做出了明确规定。可见，幼儿园教师的工资待遇已经成为当前被重点关注的问题。但幼儿园教师的工资待遇问题成因复杂，解决难度大，需要中央和各级地方政府共同重视并妥善处理。

案例回放

案例一　依法落实幼儿园教师地位和待遇

一项覆盖我国东、中、西部 11 个省份 18 个城市的研究对全国 16253 名幼儿园教师的待遇进行了调查。研究发现，有 39.42%的幼儿园教师未享有住房公积金，30.71%的幼儿园教师未享有足额足项的生育保险。此外，失业、工伤、养老、医疗等最基本的保险也得不到根本保障，分别有 30.16%、26.14%、24.02%、20.80%的幼儿园教师享受不到相应的保险。幼儿园教师“五险一金”等社会保障项目的覆盖率有待进一步提升。

——改编自洪秀敏，张明珠．我国幼儿园教师权益保障状况及对其职业压力的影响：基于全国 18 个城市的调查[J]．教师发展研究，2020(1)．

案例二　薪资待遇低导致乡镇民办幼儿园教师流失

近年来，乡镇民办幼儿园教师流失问题普遍存在。在一项针对乡镇民办幼儿园教师离职原因的质性研究中，大部分幼儿园教师表示，工资待遇问题是导致他们离职的重要因素。

教师 A 说：“我们工资低，工作累，即使转正后每月也只有 1800 元，干了两三年的副班老师也只有 2000 多元。”

教师 B 表示：“目前我不想干这行，想先在市区舞蹈培训机构干两年，然后回阿坝州考取‘一村一幼’辅导员。”当被问及在舞蹈班的工资待遇时，她满心欢喜地补充道：“一节课 100 多元，一个月至少三四千元。”

教师 F 更是直截了当地表示：“我不喜欢这个行业，我觉得工作压力大，责任大，而收入太少。我准备去成都某英语培训机构，一个月四五千元。”

国家把幼儿教师分为“在编”和“非在编”而实施不同的管理体系，民办教师深受“身份”和管理体制的制约，无法享有政府要求的工资和福利待遇。尽管很多教师享有“五险”，但并没有住房公积金，民办幼儿园教师的福利保障状况亟待改善。

——改编自孔露，李仕芳．乡镇民办幼儿教师流失问题的质性分析[J]．长沙大学学报，2021(1)．

案例分析

案例一反映了目前无编制幼儿园教师工资低的问题，案例二反映了目前乡镇幼儿园教师由于薪资待遇低而离职的现象，同时反映了当前在“身份”管理的体制下，幼儿园教师同工不同酬的问题。

其实，我国早在 20 多年前就意识到了教师工资低的问题，并制定了相关的法律来提高教师的工资。例如，1993 年颁布、2009 年修正的《教师法》第二十五条规定，“教师的平均工资水平应当不低于或者高于国家公务员的平均工资水平，并逐步提高”。在政策法律的规定下，我国对工资制度进行了改革，大部分地区的中小学教师已经实行绩效工资。自实行绩效工资以来，大部分中小学教师的工资水平有了明显的提高。但是，幼儿园教师的工资水平，除在编教师外，公办非在编教师、民办幼儿园教师、农村幼儿园教师的工资水平没有明显提高。虽然国家政策中明确提出“民办园要参照当地公办园教师工资收入水平，合理确定相应教师的工资收入”“大力提升乡村教师待遇”“认真落实艰苦边远地区津贴等政策，全面落实集中连片特困地区乡村教师生活补助政策”，但是农村幼儿教师和民办园教师工资仍然普遍较低。薪资待遇得不到保障，使幼儿教师队伍不稳定，农村幼儿教师数量短缺，影响学前教育的健康发展。要想建设一支稳定的、高素质的幼儿园教师队伍，就必须提高幼儿教师职业的吸引力，依法保障幼儿园教师享受与中小学教师同等的工资待遇。

当前关于公办幼儿园在编教师工资待遇的保障政策虽然较全面系统，但是拥有编制的公办幼儿园教师数量相对较少，而没有编制就不能获得“在编”教师的待遇。同工不同酬的现象，不仅影响幼儿园教师队伍的稳定性，而且影响其专业发展的积极性。“强化教师工资保障机制，依法保证教师平均工资水平不低于或者高于国家公务员的平均工资水平”，对于幼儿园教师这支特殊的队伍尤其重要。

41. 幼儿园教师享有的权利

条文解读

所谓教师的权利，是指法律法规规定教师在履行国家教育教学职责时，必须享有的权利。因此，教师的权利是得到法律法规许可和保障的，具有不可侵犯性。

我国《教师法》对教师享有的权利进行了规定。第七条明确指出：“教师享有下列权利：(一)进行教育教学活动，开展教育教学改革和实验；(二)从事科学研究、学术交流，参加专业的学术团体，在学术活动中充分发表意见；(三)指导学生的学习和发展，评定学生的品行和学业成绩；(四)按时获取工资报酬，享受国家规定的福利待遇以及寒暑假期的带薪休假；(五)对学校教育教学、管理工作和教育行政部门的工作提出意见和建议，通过教职工代表大会或者其他形式，参与学校的民主管理；(六)参加进修或者其他方式的培训。”此外，1999 年出台的《中小学教师继续教育规定》第四条规定：“参加继续教育是中小学教师的权利和义务。”按相关文件，此处也包括幼儿园教师。

由这些法律法规可以看出，幼儿园教师享有的权利主要包括：教育教学权、学术自由权、指导评价权、报酬待遇权、民主管理权以及培训进修权。

案例回放

案例一 外出进修被扣发工资

某市幼儿园在对该园教师的日常管理中，经常以各种理由扣发在外进修教师的工资和其他福利。杨老师经当地教育委员会和幼儿园批准后到某师范大学进修，进修1年结束后她才发现，幼儿园将她在进修期间的工资扣了一半，还扣发了她的节假日等福利。

——改编自武祥海，李小红. 以案释法：幼儿园涉法事务全解析[M]. 南京：南京师范大学出版社，2016：66.

案例二 幼儿园克扣工资，教师维权被辞

李某是某幼儿园的一名老教师，也是该幼儿园的工会主席。2009年以来，园长黄某经常借故克扣教职工的工资、奖金等。为了维护教职工的合法权益，李某要求黄某停止扣发工资、奖金的行为，并补发已克扣的工资和奖金。黄某不仅拒绝了李某的合法请求，还将他调离工会主席的岗位。此后不久，幼儿园以李某“工作表现不佳”为由将其辞退，李某对幼儿园将他辞退的决定不服，认为是园长挟嫌报复，但他不知道该如何用法律手段来维护自己的合法权益。

——改编自武祥海，李小红. 以案释法：幼儿园涉法事务全解析[M]. 南京：南京师范大学出版社，2016：67.

案例分析

以上是两则幼儿园侵犯幼儿教师培训进修权和报酬待遇权的案例。实际上，幼儿园教师享有的以上权益都受到国家法律法规的保护。一旦这些合法权益受到侵害，幼儿园教师都有权提出申诉，并要求相关部门做出适当的处理。

《教师法》第七条规定，教师享有参加进修或者其他方式的培训的权利。案例一中杨老师参加进修进行继续教育，是其义务，也是其权利，且杨老师是在经过教育委员会和幼儿园批准的情况下参加进修的，学习期间享有国家规定的工资及福利待遇，幼儿园不得扣发其工资及福利待遇，而且应该按当地政策规定向杨老师报销学费和差旅费。

我国《教师法》第三十九条规定：“教师对学校或者其他教育机构侵犯其合法权益的，或者对学校或者其他教育机构作出的处理不服的，可以向教育行政部门提出申诉，教育行政部门应当在接到申诉的三十日内，作出处理。”案例

二中李老师可以把申诉的事由、幼儿园侵权的证据等提交给主管的教育行政部门进行申诉。教育行政部门在经过调查了解之后，应对幼儿园侵犯教师合法权益的做法进行相应处罚，保护教师们的合法权益。

42. 幼儿园教师履行的义务

条文解读

所谓教师的义务，是指教师从事教育教学工作时必须履行的责任。具体表现为教师在教学活动中必须做出一定行为或不得做出一定行为的约束。教师的义务是法律法规规定的，并以国家强制力保障其履行。

教师的义务具体包括我国《教育法》《教师法》及其他法律法规中的有关规定。

我国《教育法》第三十三条对教师的义务进行了纲领性的概括："教师享有法律规定的权利，履行法律规定的义务，忠诚于人民的教育事业。"

《教师法》第八条对教师应该履行的义务做出了具体的规定："教师应当履行以下义务：(一)遵守宪法、法律和职业道德，为人师表；(二)贯彻国家的教育方针，遵守规章制度，执行学校的教学计划，履行教师聘约，完成教育教学工作任务；(三)对学生进行宪法所确定的基本原则的教育和爱国主义、民族团结的教育，法制教育以及思想品德、文化、科学技术教育，组织、带领学生开展有益的社会活动；(四)关心、爱护全体学生，尊重学生人格，促进学生在品德、智力、体质等方面全面发展；(五)制止有害于学生的行为或者其他侵犯学生合法权益的行为，批评和抵制有害于学生健康成长的现象；(六)不断提高思想政治觉悟和教育教学业务水平。"该条文从六个方面明确规定了教师必须履行的义务，主要涵盖了教师应如何"育人"和"教书"等内容，使教师明确自己应尽的义务，从"为人师表"的立场严格规范自己的行为，并不断提高自己的政治水平。

针对幼儿园教师，《幼儿园工作规程》第四十一条说明了教师的主要职责："(一)观察了解幼儿，依据国家有关规定，结合本班幼儿的发展水平和兴趣需要，制订和执行教育工作计划，合理安排幼儿一日生活；(二)创设良好的教育环境，合理组织教育内容，提供丰富的玩具和游戏材料，开展适宜的教育活动；(三)严格执行幼儿园安全、卫生保健制度，指导并配合保育员管理本班幼儿生活，做好卫生保健工作；(四)与家长保持经常联系，了解幼儿家庭的教育环境，商讨符合幼儿特点的教育措施，相互配合共同完成教育任务；(五)参加业务学习和保育教育研究活动；（六）定期总结评估保教工作实效，接受园长的指导和检查。”它涵盖了一日生活、教育活动、卫生保健和家园合作等方面内容。2018年教育部颁布的《新时代幼儿园教师职业行为十项准则》规定了幼儿园教师所应遵守的十项基本准则：（1）坚定政治方向；（2）自觉爱国守法；（3）传播优秀文化；（4）潜心培幼育人；（5）加强安全防范；（6）关心爱护幼儿；（7）遵循幼教规律；（8）秉持公平诚信；（9）坚守廉洁自律；（10）规范保教行为。该文件从保护幼儿安全、促进幼儿发展的方面细化了幼儿园教师的基本义务。

案例回放

幼儿人身伤害事故判例

丹丹就读于H市某幼儿园。2016年5月21日16:30左右，幼儿园美术活动结束后，丹丹在幼儿园内的蹦床玩耍时，牙因磕到另一名幼儿兮兮的后脑而受伤。事发时，教师因在教室内整理幼儿美术作品而未在现场。

丹丹家长向法院起诉称：2016年5月21日16:30左右，丹丹上完美术活动后就去了园内蹦床玩。后来，又进来一名幼儿兮兮。在玩的过程中，丹丹的下颚碰到兮兮的头部，造成丹丹两颗门牙半脱位。事故发生后，丹丹到某口腔医院就诊，共花去医药费605.77元，在家休学7天。丹丹父母认为，丹丹在幼儿园内受到伤害，幼儿园负有不可推卸的责任。为维护丹丹的合法权益，特向法院提起诉讼。法院判决幼儿园承担100%的责任，赔偿丹丹医疗费605.77元、营养费3000元、护理费700元、精神损害抚慰金5000元、鉴定费3000元。

——改编自梁坤．从在园幼儿受伤审判案例，看家园责任的划分[J]．早期教育，2017(3).

案例分析

根据《教师法》第八条可知，教师应保护学生的人身安全，应制止有害于学生的行为或者侵犯学生合法权益的行为，让学生在健康的环境中成长。对于没有履行其义务且因此给学生权益造成损害的教育机构和教师，应该根据相关法律法规给予相应的处罚。

《民法典》第一千一百九十九条规定：“无民事行为能力人在幼儿园、学校或者其他教育机构学习、生活期间受到人身损害的，幼儿园、学校或者其他教育机构应当承担侵权责任；但是，能够证明尽到教育、管理职责的，不承担侵权责任。”

从本案来看，丹丹属于无民事行为能力人，在幼儿园期间，其生活起居、游乐玩耍均应该受到幼儿园密切的保护和管理。丹丹和兮兮玩耍时，教师忙于整理材料，并没有对丹丹尽到教育、管理和保护职责，因此幼儿园应当承担赔偿责任。

43. 幼儿园教师的考核办法

条文解读

教师的考核指的是各级各类学校及其他教育机构依据《教师法》等相关法律法规关于考核内容、考核原则和考核程序的有关规定，对每位教师履行教师职务职责的情况分别进行考察和评价，从而为教师受聘任教、晋升、提级提薪和实施奖惩等管理工作提供可靠的依据。

建立和实施教师考核制度具有十分重要的意义。一方面，管理者通过教师考核能够真正掌握教师的工作态度和业务水平，了解教师的专业成长变化，同时也能够发现教学管理工作中出现的问题，对教师工作进行监督和指导，从而提高学校教育的质量，促进教师专业化成长；另一方面，教师通过考核能够认识到自己的教育水平，并及时调整教学策略，不断增强教学能力。

《教师法》第五章对教师的考核内容有着明确的规定。其中第二十二条规定：“学校或者其他教育机构应当对教师的政治思想、业务水平、工作态度和工作成绩进行考核。教育行政部门对教师的考核工作进行指导、监督。”第二十三条明确规定了考核的原则：“考核应当客观、公正、准确，充分听取教师本人、其他教师以及学生的意见。”第二十四条指出：“教师考核结果是受聘任教、晋升工资、实施奖惩的依据。”上述三条对教师考核的原则和内容进行了方向性的界定。

除了根据《教师法》对教师的业务水平和工作态度等进行考核之外，2019 年教育部等七部门印发的《关于加强和改进新时代师德师风建设的意见》明确指出：“将师德考核摆在教师考核的首要位置……师德考核不合格者年度考核应评定为不合格，并取消在教师职称评聘、推优评先、表彰奖励、科研和人才项目申请等方面的资格。”2012 年，教育部研制的《幼儿园教师专业标准（试行）》也是幼儿园教师考核的重要依据，各地可根据该专业标准进一步细化考核的内容和指标。

由此可见，国家在幼儿教师的考核方面越来越细致、规范，同时随着师德师风的建设，也越来越重视对教师师德的考核。但在具体的实施过程中，不同的地区、不同的幼儿园应该在此基础上制定更为具体的考核方案，对每项考核内容进一步细化，规定一定的量化考核标准。只有如此，才能保证考核方案的可操作性，并使之成为教师管理的一项经常性、基础性工作。

案例回放

《安徽省中小学幼儿园教师职业道德考核办法(2019年修订)》摘录

一、幼儿园教师考核内容

1. 坚定政治方向。坚持以习近平新时代中国特色社会主义思想为指导，拥护中国共产党的领导，贯彻党的教育方针。

2. 自觉爱国守法。忠于祖国，忠于人民，恪守宪法原则，遵守法律法规，依法履行教师职责。

3. 传播优秀文化。带头践行社会主义核心价值观，弘扬真善美，传递正能量。

4. 潜心培幼育人。落实立德树人根本任务，爱岗敬业，细致耐心。

5. 加强安全防范。增强安全意识，加强安全教育，保护幼儿安全，防范事故风险。

6. 关心爱护幼儿。呵护幼儿健康，保障快乐成长。

7. 遵循幼教规律。循序渐进，寓教于乐。

8. 秉持公平诚信。坚持原则，处事公道，光明磊落，为人正直。

9. 坚守廉洁自律。严于律己，清廉从教。

10. 规范保教行为。尊重幼儿权益，自觉抵制不良风气。

二、考核程序和方法

(一)成立考核小组。中小学校、幼儿园应成立考核小组，负责本单位师德考核工作的组织实施。考核小组成员由单位负责人、相关内设职能部门负责人以及教师代表组成，其中教师代表由民主推选产生，人数不少于考核小组成员的50%。

(二)制定考核细则及评价标准。考核小组对照《准则》[①]和本办法的规定，结合本单位和各类岗位特点，研究制定考核细则及评议样表，经教师代表大会

① 指《新时代中小学教师职业行为十项准则》《新时代幼儿园教师职业行为十项准则》。——编者注

或全体教职工大会表决通过后公布。

（三）组织评议。考核小组组织学生、家长、教师开展师德评议。

1. 自我评价。教师按照考核细则进行自我评价。

2. 相互评议。以学科组或年级组为单位，组织教师对照师德考核内容进行互评。

3. 学生评议。中小学校以班级为单位组织学生对教师进行评议。对小学低年级教师，应根据教育对象的特点采取适当的方式进行。学生评议所占比重由学校研究决定。幼儿园教师不组织开展幼儿评议。

4. 家长评议。由学校考核小组采取适当方式组织进行。

（四）综合评定。考核小组根据学生、家长和教师同行评议情况，结合教师平常师德表现，对每个教师作出客观公正的评价，并提出考核拟定等次意见。

（五）确定等次。考核拟定等次应在本校（园）内进行公示，公示无异议后确定，并以适当方式公布。考核小组应向每一位被考核教师反馈考核评价意见，考核结果存入教师个人档案。

教师对师德考核结果有不同意见的，可以向学校考核小组申请复核或向学校主管部门申诉。

三、考核等次

考核等次考核结果分为合格、不合格两个等次。

四、考核结果的使用

（一）教师职业道德考核结果作为教师资格定期登记注册、年度考核、职称评聘、推优评先、表彰奖励、奖励性绩效工资发放等的重要依据。

（二）师德考核等次为合格的，方可在当年绩效考核和教师年度考核中评为优秀等次。

（三）师德考核不合格的，当年绩效考核和教师年度考核应定为不合格，当年不得晋升职务和岗位等级，不得推优评先，并按有关规定扣发绩效工资，必要时可调整工作岗位。

（四）教师有违反职业道德应予处理的行为，按照《安徽省中小学幼儿园教师违反职业道德行为处理办法实施细则（试行）》的规定，作出相应的处理。

五、考核时间

师德考核每年一次，纳入事业单位工作人员年度考核内容。

——改编自安徽省教育厅．安徽省教育厅关于印发《安徽省中小学幼儿园教师职业道德考核办法（2019 年修订）》和《安徽省中小学幼儿园教师违反职业道德行为处理办法实施细则（试行）》的通知（皖教〔2019〕28 号）[EB/OL].(2020-02-08)[2021-05-27]. http://www.ah.gov.cn/szf/zfgb/8263641.html.

案例分析

本案例是安徽省教育厅为贯彻《中共中央 国务院关于全面深化新时代教师队伍建设改革的意见》，加强师德师风建设而颁布的关于中小学和幼儿园教师职业道德考核的办法。其对幼儿园教师师德考核的内容主要包括十个方面，与《新时代幼儿园教师职业行为十项准则》中的十个方面保持一致。在考核的方法方面，采用多方评价的方式，充分听取学生、家长的声音，并和教师的自评与互评相结合，符合《教师法》规定的考核原则。该文件明确指出，将师德考核的结果作为教师职称评定、年度考核、评优评先等的重要依据，不仅回应了《教师法》对评定结果的使用，而且体现了当前教师考核的趋势，即将师德考核作为教师考核的首要内容。

这样的考核机制有利于进一步规范幼儿园教师的行为，是目前我国深化教师人事管理制度改革的一项重要举措，有利于促进幼儿园管理的民主化、科学化，有利于激发教师的工作热情，形成良好的师德风尚。

44. 幼儿园教师的奖惩办法

条文解读

国家对幼儿园教师的行为表现奖惩分明，对具有突出贡献的教师给予表彰，而对于违反师德、未履行义务的教师，也具有明确的处罚办法。

为鼓励广大教师和教育工作者献身于我国的教育事业，表彰他们在我国教育事业中做出的显著成绩，我国从 1989 年发布《嘉奖优秀教师和教育工作者暂行办法》开始，在此后的 30 多年发布的其他法律法规中都明确规定了要对优秀的、有突出贡献的教师进行奖励。例如，中共中央、国务院在 1993 年印发的《中国教育改革和发展纲要》中规定："各级政府和学校，对优秀教师和教育工作者，要进行精神和物质的奖励，对有突出贡献的教师要给予特殊津贴或奖励，并形成制度。"《教师法》三十三条规定："教师在教育教学、培养人才、科学研究、教学改革、学校建设、社会服务、勤工俭学等方面成绩优异的，由所在学校予以表彰、奖励。国务院和地方各级人民政府及其有关部门对有突出贡献的教师，应当予以表彰、奖励。对有重大贡献的教师，依照国家有关规定授予荣誉称号。"

在学前教育方面，《幼儿园管理条例》第二十六条明确规定："凡具备下列条件之一的单位或者个人，由教育行政部门和有关部门予以奖励：（一）改善幼儿园的办园条件成绩显著的；(二)保育、教育工作成绩显著的；(三)幼儿园管理工作成绩显著的。”2018 年，《中共中央 国务院关于学前教育深化改革规范发展的若干意见》提到“对作出突出贡献的幼儿园园长、教师，按照国家有关规定予以表彰和奖励”。这些法律法规的颁布充分体现了党和政府对教育教学工作，特别是对广大教师的重视和关心。

法律规定了教师在职业范围内的职责与义务，一旦幼儿园教师违反了相关规定，做出违反职业操守、有损害幼儿身心健康或者威胁幼儿生命安全的行为，将会受到相应的处罚。

《幼儿园管理条例》第二十八条规定，“(一)体罚或变相体罚幼儿的；(二)使用有毒、有害物质制作教具、玩具的；(三)克扣、挪用幼儿园经费的；(四)侵占、破坏幼儿园园舍、设备的；(五)干扰幼儿园正常工作秩序的；(六)在幼儿园周围设置有危险、有污染或者影响幼儿园采光的建设和设施的。前款所列情形，情节严重，构成犯罪的，由司法机关依法追究刑事责任”。《教师法》第三十七条也明确规定，“(一)故意不完成教育教学任务给教育教学工作造成损失的；(二)体罚学生，经教育不改的；(三)品行不良、侮辱学生，影响恶劣的。教师有前款第(二)项、第(三)项所列情形之一，情节严重，构成犯罪的，依法追究刑事责任”。《未成年人保护法》第二十七条、第二十八条分别对未成年人的人格尊严、受教育权做出了明确的保护性规定；其第一百一十九条指出：“学校、幼儿园、婴幼儿照护服务等机构及其教职员工违反本法第二十七条、第二十八条、第三十九条规定的，由公安、教育、卫生健康、市场监督管理等部门按照职责分工责令改正；拒不改正或者情节严重的，对直接负责的主管人员和其他直接责任人员依法给予处分。”2018 年颁布的《幼儿园教师违反职业道德行为处理办法》第四条更是明确列出了应予处理的 11 种行为，并指出根据情节的轻重，分别给予警告和记过、降低岗位等级或撤职、开除等处分。

案例回放

案例一　边防海岛的最美教师

2012 年，广西北海市人民政府启动《北海市学前教育三年行动计划(2011—2013 年)》，要求农村每个乡镇建立一所公办幼儿园。涠洲岛由于社会经济发展相对落后，幼教师资匮乏，学前教育一直处于空白状态。为填补海岛学前教育的空白，范徽丽应邀参加海岛学前教育调研。当她了解到海岛孩子所处的教育环境时，下定决心要让海岛的孩子们也享有优质的教育。

调研结束，范徽丽主动承担了建设涠洲岛幼儿园的任务，她每天辗转于海岛与城市，招聘师资，想方设法解决跨海办学中种种意想不到的难题。在课程资源上，范徽丽充分挖掘边防海岛的教育资源，开展了“海丫丫 365 成长行动”的探索与实践，编制了“海丫丫上学了”“神奇的涠洲岛”“缤纷海洋”等 8 个主题的“海丫丫课程”。此外，范徽丽因地制宜，开创“自然情境教学法”，把芭蕉林、海滩等整个海岛变成生动的教育场所。该研究成果弥补了国内学前教育领域中海洋课程的不足，荣获 2018 年基础教育国家级教学成果奖二等奖、2017 年广西基础教育教学成果奖一等奖和 2017 年北海市基础教育教学成果奖特等奖。

范徽丽先后荣获 2016 年“全国最美教师”、第十二届宋庆龄幼儿教育奖、广西特级教师、广西五一劳动奖章、广西三八红旗手、广西壮族自治区幼儿教育先进个人等荣誉称号。没有最美，只有更美，范徽丽还在不停地追寻孩子们更美的童梦！

——改编自中华人民共和国教育部. 边防海岛的最美教师：记广西北海市机关幼儿园(涠洲岛幼儿园)园长范徽丽[EB/OL]. (2019-09-04)[2021-05-27]. http://www.moe.gov.cn/jyb_xwfb/xw_zt/moe_357/jyzt_2019n/2019_zt20/jsfc/jsyrkm/km2019/201909/t20190904_397462.html.

案例二　2 岁男童遭老师狂扇耳光导致左侧顶骨骨折

2020 年 12 月 1 日，贵州贵阳一私立幼儿园中，一名老师在午休室内狂扇一男童耳光，随后，又用毛毯将孩子的头盖上，接着又拿棉被再次覆盖，随后用双手及身体往下压。4 日，周女士爆料称自己的孩子在幼儿园被幼儿教师狂扇耳光，导致左侧顶骨骨折，教师却谎称孩子坐滑梯摔伤。

事情一经爆料，贵阳市南明区教育局展开了相关调查，调查显示该教师没有教师资格证，涉事幼儿园也属于无证经营。涉事教师后被警方刑事拘留，涉事幼儿园也已经被强制取缔。

——改编自 2 岁幼童遭老师殴打致头部骨折 连续猛扇 8 次，无证经营，教师已被刑拘[N]. 河北青年报，2020-12-05.

案例分析

案例一是一则讲述一名幼儿园教师无私奉献，不畏艰难，为海岛的孩子带来优质教育和希望的案例。案例中，范徽丽老师不畏艰苦，一心为了孩子的发展，在涠洲岛创办幼儿园，并充分利用岛上的有利资源，积极开发海洋课程，因地制宜展开教学，不仅为海岛的孩子带去了优质的教育资源，而且促进了我国学前教育领域海洋课程的发展。为表彰范徽丽老师，国家授予其“全国最美教师”、第十二届宋庆龄幼儿教育奖、广西特级教师等荣誉称号。

根据《教师法》第三十三条的规定：“教师在教育教学、培养人才、科学研究、教学改革、学校建设、社会服务、勤工俭学等方面成绩优异的，由所在学校予以表彰、奖励。国务院和地方各级人民政府及其有关部门对有突出贡献的教师，应当予以表彰、奖励。对有重大贡献的教师，依照国家有关规定授予荣誉称号。”对范徽丽老师的表彰和奖励不仅是对她无私奉献、大爱精神的肯定，更是为其他幼儿园教师树立了良好的榜样。

案例二中该幼儿园教师狂扇幼儿耳光导致其左侧顶骨骨折，属于典型的体罚、虐待幼儿的行为。该教师不但没有保护幼儿人身安全，反而殴打幼儿，导致幼儿受伤，严重侵犯了幼儿的生命健康权，行为恶劣。根据我国的法律法规，该教师以及所在的幼儿园应该为此事负相关的法律责任。

未成年人的合法权益受到法律的保护，教师侵犯幼儿合法权利的行为应该受到相应的处罚。例如，《未成年人保护法》第一百一十九条规定：“学校、幼儿园、婴幼儿照护服务等机构及其教职员工违反本法第二十七条、第二十八条、第三十九条规定的，由公安、教育、卫生健康、市场监督管理等部门按照职责分工责令改正；拒不改正或者情节严重的，对直接负责的主管人员和其他直接责任人员依法给予处分。”《幼儿园管理条例》第二十八条规定：“违反本条例，具有下列情形之一的单位或者个人，由教育行政部门对直接责任人员给予警告、罚款的行政处罚，或者由教育行政部门建议有关部门对责任人员给予行政处分：(一)体罚或变相体罚幼儿的；……前款所列情形，情节严重，构成犯罪的，由司法机关依法追究刑事责任。”此外，《教师法》第三十七条也规定：“教师有下列情形之一的，由所在学校、其他教育机构或者教育行政部门给予行政处分或者解聘：……(二)体罚学生，经教育不改的；(三)品行不良、侮辱学生，影响恶劣的。……情节严重，构成犯罪的，依法追究刑事责任。”

由以上条例可以看出，对于品行不良、实施体罚或变相体罚的幼儿园教师，相关部门应该根据其情节的严重程度进行处罚。在本案例中，该教师无证上岗，虐待幼儿，影响恶劣，应追究其刑事责任。

45. 教师合法权益的法律救济

条文解读

教师权益，指的是与教师的特定身份或特定工作相关的受法律保护的权益，具体包括：职务聘任、教学科研、工作条件、民主管理、培训进修、考核奖惩、工资福利、退休保障、履行聘用合同等。

教师的权益受国家法律保护，任何侵犯教师合法权益的行为都将受到相应的处罚。《教师法》第三十五条规定："侮辱、殴打教师的，根据不同情况，分别给予行政处分或者行政处罚；造成损害的，责令赔偿损失；情节严重，构成犯罪的，依法追究刑事责任。"

教师的权益受到国家法律保护，一旦其合法权益遭到侵害，教师有权向相关部门请求法律救济。目前教师合法权益的救济途径主要有申诉、行政复议、信访、调解、仲裁、诉讼。其中，申诉制度是指公民在合法权益受到损害的时候，向国家机关陈述理由，请求处理或重新处理的制度。

教师的申诉制度是一项维护教师合法权益的法定的、专门性的行政权力救济制度，是在宪法赋予公民申诉权利的基础上，对教师这一特定职业人员申诉权利的具体化，是由行政机关依法定程序对教师的申诉做出处理的制度。

《教师法》第三十九条明确规定："教师对学校或者其他教育机构侵犯其合法权益的，或者对学校或者其他教育机构作出的处理不服的，可以向教育行政部门提出申诉，教育行政部门应当在接到申诉的三十日内，作出处理。教师认为当地人民政府有关行政部门侵犯其根据本法规定享有的权利的，可以向同级人民政府或者上一级人民政府有关部门提出申诉，同级人民政府或者上一级人民政府有关部门应当作出处理。"《教育法》第八十三条明确指出："违反本法规定，侵犯教师、受教育者、学校或者其他教育机构的合法权益，造成损失、损害的，应当依法承担民事责任。"

案例回放

家长殴打幼儿园老师，撞倒怀孕老师

据石龙镇宣传和教育文体局通报，2019 年 4 月 3 日 16:30，石龙镇某幼儿园，一个孩子姨妈在接孩子时发现孩子手臂一处瘀青，立即断定是该班吴老师所为。她不听吴老师解释，不顾幼儿园老师的反复劝阻，与孩子母亲在没有问

清楚原因的情况下当众对吴老师大扇耳光，猛力拳打脚踢、抓扯头发，一路追打……最终吴老师头部受伤，头发被扯落，硬膜下及蛛网膜下腔出血。该园另一位怀有一个多月身孕的老师为保护吴老师也被撞倒在地。整个过程中，吴老师始终处于惊恐遭打的状态。

园方马上报警，经查看监控和问询，证实不存在老师打孩子的情况，公安机关对殴打老师、扰乱教学秩序的两名家长实施行政拘留15天，赔偿吴老师和怀孕老师的损失，同时在镇相关媒体上公开道歉。

——改编自梁盘生．家长打老师，被拘留15天[N]．东莞时报，2019-05-06.

案例分析

本案例为发生在幼儿园的恶劣暴力事件。幼儿家长不问事情缘由，对吴老师进行殴打，致其受伤，同时将怀孕老师推倒在地，在事实上侵犯了吴老师和怀孕老师的生命健康权。按照相关法律法规的规定，相关部门应该对家长的行为予以严肃处理。

教师作为公民，应该平等地受到法律的保护。在人身权益受到不法侵害时，教师有权采取合法的途径请求法律救济，包括向公安机关提出控告，或向人民法院提起诉讼，追究加害人的法律责任。

《教师法》第三十五条规定："侮辱、殴打教师的，根据不同情况，分别给予行政处分或者行政处罚；造成损害的，责令赔偿损失；情节严重，构成犯罪的，依法追究刑事责任。"因此，对家长殴打教师的行为，若经法医鉴定，教师所受伤害达到轻伤或以上的，则家长的行为已触犯《刑法》规定，司法机关可追究其刑事责任。

参考文献

一、著作

[1]蔡军，路娟. 学前教育政策法规[M]. 北京：科学出版社，2020.

[2]陈光中，丁慕英，刘文，等. 中华法学大辞典[M]. 北京：中国检察出版社，1995.

[3]董宪明. 法律精神与幼儿教育[M]. 合肥：安徽少年儿童出版社，2010.

[4]耿学超. 幼儿意外伤害的预防与处置[M]. 北京：北京工业大学出版社，2004.

[5]杭梅. 幼儿教育学[M]. 北京：高等教育出版社，2009.

[6]黄人颂. 学前教育学[M]. 北京：人民教育出版社，2015.

[7]李季湄，冯晓霞.《3～6岁儿童学习与发展指南》解读[M]. 北京：人民教育出版社，2013.

[8]李玲. 幼儿教师必备的教育技能[M]. 南京：江苏教育出版社，2012.

[9]刘文英. 幼儿园安全教育常识[M]. 保定：河北大学出版社，2012.

[10]刘焱. 幼儿园游戏指导[M]. 北京：高等教育出版社，2012.

[11]彭明妍，宋杨，李鹏. 学前教育政策法规解读[M]. 北京：中国书籍出版社，2017.

[12]万钫. 学前卫生学[M]. 北京：北京师范大学出版社，2004.

[13]王本余. 教育与权利：儿童教育权利及其优先性[M]. 福州：福建教育出版社，2012.

[14]王坚红. 学前教育评价[M]. 北京：人民教育出版社，2010.

[15]王雪梅. 儿童权利论：一个初步的比较研究[M]. 北京：社会科学文献出版社，2005.

[16]余雅风. 学生权利概论[M]. 北京：北京师范大学出版社，2009.

[17]朱家雄. 中国视野下的学前教育[M]. 上海：华东师范大学出版社，2007.

[18]张燕. 学前教育管理学[M]. 2版. 北京：北京师范大学出版社，2009.

[19]朱晓娟. 教师权益维护法律实务与案例评析[M]. 长春：东北师范大

学出版社，2011.

二、期刊报纸与学位论文

[1]操刘斌．论人格尊严权的法律保护[D]．广州：广东商学院，2011.

[2]曹玺荣．公正平等：教育教学管理的“金钥匙”[J]．甘肃教育，2019(24).

[3]陈若葵．随班就读：残障儿童正常融入社会的根本选择[N]．中国妇女报，2012-01-06.

[4]程海燕，张宁，吕超．消防演练关注安全：幼儿园火灾疏散应急演练纪实[J]．山西教育(幼教)，2017(3).

[5]方芳，杨春芳，汪莉．中小学校园安全事故预防与救济法律机制研究：基于对天津市中小学校园安全状况的调查[J]．教育与管理，2012(5).

[6]冯晓霞．幼儿园教师的专业知识[J]．学前教育研究，2012(10).

[7]古芳瑜．关于幼儿园园长传统文化教育培训的思考[J]．长春教育学院学报，2020(12).

[8]韩妍容，张晓梅．《幼儿园教师专业标准》与幼儿教师专业能力培养[J]．教育探索，2014(7).

[9]何浩．我国幼儿园教师法律身份研究[D]．重庆：西南大学，2014.

[10]何永贤，金香花．中华传统文化融入学前教育之策略探讨[J]．延边大学学报(社会科学版)，2021(2).

[11]李凤莲．利用社区资源拓展幼儿艺术教育[J]．学前教育，2015(12).

[12]李季湄，夏如波．《幼儿园教师专业标准》的基本理念[J]．学前教育研究，2012(8).

[13]刘萍．给幼儿提供有层次的游戏材料[N]．中国教育报，2012-12-23.

[14]刘元生．误吸的海氏急救法[J]．临床心电学杂志，2017(1).

[15]逯长荣．生活环节该不该自主[J]．学前教育，2020(2).

[16]吕好．保障儿童权利须确保其参与权[N]．民主与法制周刊，2012-06-12.

[17]孟令军，辛琦媛．浅论我国中小学教师资格制度的演变[J]．广西教育学院学报，2020(4).

[18]牛翠平．优秀幼儿教师群体特征的调查研究：以江苏省为例[J]．教育导刊，2013(4).

[19]人民论坛网．全国政协委员会刘焱：更好满足人民对更为优质公平学前教育的需要[EB/OL]．(2021-03-06)[2021-05-27]．http://www.rmlt.com.cn/2021/0306/609094.shtml.

[20]孙冬梅. 当代幼儿教师专业精神反思[J]. 中国教育学刊，2013(4).
[21]王峰，翟晓舟. 学生伤害事故的法律救济[J]. 时代经贸，2007，5(12).
[22]王美. 让幼儿成为环境创设的参与者[J]. 大连教育学院学报，2017(4).
[23]武建芬，张媛媛. 新中国70年来幼儿教师资格制度的变迁与启示[J]. 今日教育(幼教金刊)，2019(9).
[24]谢沫珠. 学生伤害事故法律责任研究[D]. 北京：中国政法大学，2007.
[25]严冷. 关于在我国推广学前全纳教育的思考[J]. 学前教育研究，2007(1).
[26]杨大伟，张莉. 社会分层视野下家长对幼儿教师期待的研究[J]. 教育研究与实验，2017(3).
[27]杨新星. 幼儿园生活活动中师幼对话的现状研究[D]. 大连：辽宁师范大学，2017.
[28]易凌云. 幼儿园教师专业理念与师德的定义、内容与生成[J]. 学前教育研究，2012(9).
[29]殷静. 幼儿园环境创设的实践与思考[J]. 教育与教学研究，2012(11).
[30]于涛. 反思能力是幼儿教师专业发展的关键[J]. 黑龙江教育学院学报，2012(6).
[31]于悦. 被轻视的主体：权力视角下的幼儿参与评价研究[D]. 哈尔滨：哈尔滨师范大学，2020.
[32]赵艳婕. 幼儿在园受伤，园方并非都担责[J]. 东方娃娃(保育与教育)，2020(12).
[33]朱胜男. 私改路线无监管　超员超速坠池塘：湖南省长沙市岳麓区“7.10”校车重大道路交通事故分析[J]. 吉林劳动保护，2020(1).
[34]邹秋平. 关于手足口病，你了解多少[N]. 大众健康报，2020-09-09.

附录　我国现行主要学前教育政策与法规一览表

序号	政策与法规名称	制定时间	修改时间
1	《幼儿园管理条例》	1989 年	
2	《幼儿园工作规程》	1989 年	1996 年，2016 年
3	《中华人民共和国未成年人保护法》	1991 年	2006 年，2012 年，2020 年
4	《中华人民共和国教师法》	1993 年	2009 年
5	《〈教师资格条例〉实施办法》	2000 年	
6	《幼儿园教育指导纲要（试行）》	2001 年	
7	《中小学幼儿园安全管理办法》	2006 年	
8	《中小学教师职业道德规范》	2008 年	
9	《国务院关于当前发展学前教育的若干意见》	2010 年	
10	《关于调整申请认定幼儿园教师资格人员体检标准的通知》	2010 年	
11	《托儿所幼儿园卫生保健管理办法》	2010 年	
12	《中小学和幼儿园教师资格考试标准（试行）》	2011 年	
13	《教师教育课程标准（试行）》	2011 年	
14	《幼儿园教师专业标准（试行）》	2012 年	
15	《3～6 岁儿童学习与发展指南》	2012 年	
16	《教育部 中央编办 财政部 人力资源社会保障部关于加强幼儿园教师队伍建设的意见》	2012 年	
17	《托儿所幼儿园卫生保健工作规范》	2012 年	
18	《学前教育督导评估暂行办法》	2012 年	